OYE MI VOZ
UN LIBRO DE ORACIONES
PARA LA PRISIÓN

Publicado por Augsburg Fortress

Oye mi voz: Un libro de oraciones para la prisión

Vea los detalles sobre los materiales que provienen de otros recursos en los Reconocimientos de la página 231.

Impreso en China
ISBN 978-1-5064-9355-8

26 25 24 23   1 2 3 4 5 6 7 8 9 10

ÍNDICE

Otras formas de orar

Escrituras y cánticos

Apéndices

Sentir anhelo por Dios

Señor, oye mi voz;
estén atentos tus oídos
a la voz de mi súplica.

—Salmos 130:2

INVITACIÓN A LA ORACIÓN

BIENVENIDO A ESTE RECURSO

El título de este libro, *Oye mi voz* (Salmos 130:2,) es en sí
una oración para tiempos difíciles). Puede ser una súplica:
"Por favor, Dios, ¡óyeme!" Puede ser un desafío: "Bien, Dios, si
realmente estás allí, ¡escúchame!" Puede ser un llamado de fe:
"Sé que estás conmigo, Jesús, y que me oyes cuando te llamo".
Y es, a la vez, la invitación que *Dios* nos hace a cada uno. Dios
dice, "Oye *mi* voz" porque Dios siempre escucha nuestras
oraciones y está listo para responderlas.

De qué se trata este libro

Este libro es sobre orar a Dios y escuchar a Dios en la cárcel.
Dios está presente en la prisión, después de todo a Jesús lo
condenaron las autoridades religiosas de su época y lo arrestó
y ejecutó el estado romano. Muchos de los seguidores de Jesús
a lo largo de los siglos se han enfrentado con la cárcel. De
manera que las prisiones son los puestos fronterizos del cielo.
Son lugares donde está presente y activo el Espíritu Santo,
transformando vidas y situaciones. Jesucristo está de nuestro
lado y a nuestro lado, sin importar los problemas o desafíos o
enemigos que enfrentemos, incluso la cárcel.

Las brutales realidades de este mundo a menudo parecen desconectadas del amor y la justicia de Dios. Sin embargo, la justicia de Dios es la verdad más profunda. La justicia de Dios se trata de la gracia, el perdón, la esperanza y la nueva vida. Se trata de restaurar relaciones rotas y sanar corazones destrozados. La justicia de Dios se trata de respeto, rectitud, y seguridad para todas las personas. El sistema penal separa a las personas y las aparta. Pero la visión de Dios para nosotros es la conexión con Cristo y con los otros, aun cuando nos sentemos en soledad o estemos en confinamiento solitario.

Para quién es este libro

Si tú vives actualmente en una prisión, este libro puede ayudarte a profundizar tu camino con Dios. Esperamos que sea un compañero para ti mientras vives tu fe cristiana privado de tu libertad. Los escritores de este libro están actualmente o han estado en la cárcel o involucrados en ministerios para la reinserción en la sociedad. Oiga *nuestras* voces orando por ti y contigo.

Si usted es miembro de la familia o amigo de alguien que está en la cárcel, es posible que este libro le resulte útil. Úselo para orar con su ser querido, aunque estén físicamente separados.

Este libro es también un llamado a la iglesia y a cada congregación para permanecer en oración y solidaridad con personas que están encarceladas. Jesús dice que cuando visitamos a alguien en la cárcel, lo visitamos a él (Mateo 25:36, 40). Tenemos la esperanza de que este libro ayude a conectar a los que están en la cárcel con los que no lo están, y los que no lo están con los que están adentro. Lo ofrecemos en nombre de Jesús a todos los que lo encuentren útil.

Cómo utilizar este libro de oraciones

Estas oraciones y liturgias se pueden rezar en soledad en una celda de la prisión o en un pequeño grupo en el pabellón de celdas. Los tiempos de la sección "Orar a lo largo del año" viajan con Jesús durante el año desde su nacimiento hasta su ministerio y hasta su muerte y resurrección. "Orar en días ordinarios" nos invita a profundizar la amistad con Cristo entre la realidad de la vida en la cárcel. Los patrones para oraciones matutinas y vespertinas proporcionan maneras de orar durante todo el día. Las prácticas devocionales presentes en el resto del libro son para despertar la creatividad en la oración. Y los dibujos ofrecen una visión del Espíritu creativo que opera dentro de cada uno de nosotros.

Quisiéramos honrar la privacidad de los que han compartido aquí sus historias y experiencias. Por lo tanto, en todo este libro, todos los nombres de las personas presas han sido cambiados.

Que el Espíritu sea contigo, que Cristo te sostenga, que Dios te guíe en cada momento de todos los días. Dios dice: "Oye mi voz":

"No tengas miedo". "Estoy contigo".
  "Te ayudaré".
   "Te he llamado por tu nombre".
    "Eres mi hijo amado".
     "Ven cómo estés y sabe que soy Dios".
      "Estaré contigo, no te dejaré ni te desampararé".

POR QUÉ CUMPLIR UNA CONDENA EN ORACIÓN

En un sistema lleno de rechazo y con escasa compasión, queremos que tú te veas como Dios te ve, y para que sepa en lo más íntimo que Dios se complace en ti. ¡Dios te ama incondicionalmente! La manera más básica para que cualquiera de nosotros reciba el amor profundo y constante es mediante la práctica de la oración.

Oración es el nombre que le damos tanto a escuchar como a responder a la voz de Dios, que siempre nos habla del amor hacia nosotros, aunque a veces no lo escuchamos. El problema es que la voz que oímos a menudo —la voz que estamos entrenados a oír— es una voz de rechazo. El rechazo y la condena son típicos del sistema carcelario. De modo que la probabilidad es que esta voz sea la que resuene en tus oídos y en tu alma. Por supuesto, una persona no tiene que atravesar el sistema carcelario para ser bombardeado por esta voz. Recopila todos nuestros traspiés y penas y pone en evidencia, claramente, las falsas conclusiones de un sistema roto: Dice que no somos buenos. Dice que no tenemos valor. Dice que hemos arruinado todo. Trágicamente, asumimos que esta es la voz de Dios.

¡No lo *es!*

En su lugar, es la voz del acusador. El acusador es como un fiscal que machaca todo lo que hemos hecho mal para intentar convencernos y condenarnos a nosotros mismos. La voz nos lleva a un lugar de vergüenza donde la autocondena nos aísla del amor y la comunidad para las que fuimos creados por Dios.

Pero hay otra voz. Es la verdadera voz de Dios, que nunca nos condena o descalifica. Es la voz que nos eleva de la vergüenza y del odio a nosotros mismos a estimarnos nuevamente al saber que somos amados hijos de Dios. Escuchar y confiar en la voz de Dios desvanece la voz del acusador dentro de nosotros. Jesús llama a la voz de Dios —este Espíritu de Dios— el "Defensor". Este Defensor está entre nosotros para recordarnos quiénes somos en los ojos de Dios: hijos amados, y herederos del reino del cielo. Este Defensor es el Espíritu de Jesús mismo, que defiende la verdad de que somos amados por Dios. Sí, es posible que hayamos hecho cosas malas. Sí, es posible que hayamos tomado malas decisiones y que seamos culpables de muchas equivocaciones. ¡Dios lo sabe! Pero el Defensor, el Espíritu de Jesús, nos defiende de la condena.

Para el Defensor, nunca se trata de "culpable o inocente". Se trata de quiénes somos delante de Dios. Esta voz insiste en que lo que hemos hecho no nos define. Lo que hemos hecho no puede descalificarnos del amor de Dios. Cuando comenzamos a oír la voz de Dios, las mentiras que hemos oído una y otra vez sobre nosotros lentamente se revelan. La vergüenza que nos aísla comienza a disolverse. Y nuestra alma comienza a detectar la conexión amorosa que tenemos con Dios y nuestro prójimo.

La oración vuelve a sintonizar el oído y el alma para escuchar y confiar en la voz de Dios. Esta disciplina lleva práctica e incluye muchas clases de oraciones. Este libro es una guía para esa práctica.

Podrías estar tentado en pensar que tienes que sentirte de una cierta manera cuando comienzas a orar. No es así. A medida que comiences (o continúes) a explorar la oración, te encontrarás en algún lugar en una larga continuidad de experiencia que se extiende del éxtasis a una familiaridad confortable hasta la torpeza y el aburrimiento. Esto es: cualquier lugar en el espectro de experiencia para la oración es un gran lugar en donde estar porque Dios está *en todos lados* en ese espectro. Dios nos encontrará donde sea que estemos con el fin de trabar una relación con nosotros. Esta conexión amorosa con Dios es lo más importante para tener en mente.

Otra tentación sería pensar que debes dominar *todas* estas prácticas de oración. ¡Lejos de eso! Thomas Merton, un místico del siglo XX, dijo de la oración, "Nunca seremos más que principiantes, ¡toda nuestra vida!"[1] Así es que no necesitamos nunca "dominar" ninguna oración, menos aún todas las oraciones de este recurso. Hay muchas maneras de orar, y no todas las clases de oraciones serán útiles para todos. Aun así, hay prácticas de oración para todos. Te invitamos a explorar los muchos estilos de oración que ofrecemos aquí y encontrar los tipos de oración que se conectan contigo con más profundidad. La regla general es orar como puedas y dejar que la conexión amorosa con Dios sea tu guía en las prácticas de oración.

Sugerimos un primer paso sencillo: Busca en este libro una oración corta, simple. Comienza a decirla una y otra vez. Dicha práctica comenzará a aquietar la voz acusadora y calmar tu mente.

Inevitablemente, el Acusador intentará captar tu oído nuevamente. Sin embargo, de a poco, tú oirás y llamarás al Defensor, quien reemplazará continuamente la voz acusadora con la voz de Dios. La voz de la verdad resonará en tu oído y alma: "Eres mi amado. ¡En ti me complazco!"

ORAR A LO LARGO DEL AÑO

LOS TIEMPOS DEL AÑO ECLESIÁSTICO

Este capítulo te invita a experimentar el ciclo del año cristiano, que sigue la vida de Jesucristo nuestro Señor. El calendario de la iglesia es diferente del calendario secular.

Las fechas de la mayoría de los acontecimientos importantes cambian todos los años, dependiendo de los ciclos lunares. Encontrarás una tabla útil al final del libro donde se indican las fechas del Adviento, Miércoles de Ceniza, Pascua y Pentecostés para los próximos treinta años (ver página 230).

El tiempo del *Adviento* comienza el año cristiano. Comienza cuatro domingos antes del 25 de diciembre. Es un período de cuatro semanas para prepararnos para el nacimiento de Jesús en Navidad y por su regreso prometido en la gloria en el final de los tiempos.

Navidad, el 25 de diciembre, es el día en el que celebramos el nacimiento de Jesús, cuando Dios vino a nosotros como ser humano. En la iglesia, la celebración de Navidad continúa durante doce días.

El día de la *Epifanía* es el 6 de enero. Durante las semanas del tiempo de la Epifanía, recordamos los acontecimientos de la niñez de Jesús, en especial el viaje de los Reyes Magos que siguieron la estrella de Belén para ver a Jesús, quien es la luz del mundo. También recordamos su bautismo y ministerio temprano.

El tiempo de la *Cuaresma* comienza con el *Miércoles de Ceniza* y dura cuarenta días. Durante la Cuaresma nos enfocamos en el viaje final de Jesús a Jerusalén. También tenemos en cuenta nuestro propio viaje de vida de arrepentimiento, esperanza y cambio.

Durante la *Semana Santa*, recordamos la llegada de Jesús a Jerusalén el *Domingo de Ramos*, la cena final con sus discípulos (la Última Cena) el *Jueves Santo*, y su traición, arresto, juicio, condena, y ejecución el *Viernes Santo*.

El domingo de *Pascua* celebramos la resurrección — cuando Dios resucitó a Jesús de entre los muertos. Este es el evento más importante de la fe cristiana, tal es que, para los cristianos, cada domingo desde esa primera Pascua es una celebración de la Pascua. El tiempo de Pascua dura cincuenta días.

El domingo de *Pentecostés* viene cincuenta días después del domingo de Pascua. Es la celebración del advenimiento del Espíritu Santo y es el comienzo de la iglesia cristiana. El tiempo después de Pentecostés se extiende al resto del año hasta la llegada del Adviento. A lo largo de este tiempo, los cristianos siguen las historias del evangelio de la vida y ministerio de Jesús y buscan la guía del Espíritu Santo.

Mi alma glorifica al Señor

¡Espera en Jehová!
¡Esfuérzate y aliéntese tu corazón!
¡Sí, espera en Jehová!

—Salmos 27:14

Cómo usar esta sección

Esta parte del libro brinda recursos para ayudarte a rezar mientras avanza por los tiempos del año eclesiástico con tus hermanos cristianos de todo el mundo. Simplemente comienza con cualquier tiempo del año eclesiástico en el que esté ahora. La tabla al final del libro (página 230) te puede ayudar a determinarlo. Cada parte del tiempo comienza con una oración corta tipo mantra. Estas oraciones se pueden repetir una y otra vez para ayudarte a enfocar tus pensamientos en Dios a lo largo del día. Después dedica tiempo a reflexionar sobre el pasaje de las Escrituras y la reflexión del día. Las citas le brindan información para pensar. Se pretende que las preguntas despierten tus propios pensamientos y oraciones sobre el tema del día. Es posible que desees rezar la oración más larga y cantar la canción para finalizar tu tiempo de oración. Si no estás familiarizado con la canción, podrías rezarla solamente como un poema-oración. O no dudes en elegir tu propia canción o inventar tus propias melodías para recitar las palabras — simplemente "Servid a Jehová con alegría"; (Salmos 100:1).

¿QUÉ ESPERAS? ADVIENTO

Oración mantra

Quédate conmigo, Señor. Guía mi esperanza, mitiga mi temor.

Escrituras para Adviento: Lucas 1:39-44, 46-56

En aquellos días, levantándose María, fue de prisa a la montaña, a una ciudad de Judá; entró en casa de Zacarías y saludó a Elisabet. Y aconteció que cuando oyó Elisabet la salutación de María, la criatura saltó en su vientre. Y Elisabet, llena del Espíritu Santo, exclamó a gran voz: "Bendita tú entre las mujeres y bendito el fruto de tu vientre. ¿Por qué se me concede esto a mí, que la madre de mi Señor venga a mí?

porque tan pronto como llegó la voz de tu salutación a mis oídos, la criatura saltó de alegría en mi vientre".

Entonces María dijo: "Engrandece mi alma al Señor, y mi espíritu se regocija en Dios mi Salvador, porque ha mirado la bajeza de su sierva, pues desde ahora me dirán bienaventurada todas las generaciones, porque me ha hecho grandes cosas el Poderoso. ¡Santo es su nombre! Su misericordia es de generación en generación a los que le temen. Hizo proezas con su brazo; esparció a los soberbios en el pensamiento de sus corazones. Quitó de los tronos a los poderosos y exaltó a los humildes. A los hambrientos colmó de bienes y a los ricos envió vacíos. Socorrió a Israel, su siervo, acordándose de su misericordia, —de la cual habló a nuestros padres— para con Abraham y su descendencia para siempre". Se quedó María con ella como tres meses; después se volvió a su casa.

Reflexión

Comencé a juntar "historias de espera" en la prisión donde vivía. Cuando les hice la pregunta "¿Qué espera?" a varios internos casi todos me miraron perplejos con burla sin interés, lo que indicaba irritación. "¿Qué pregunta estúpida es esa?" Se trata de esperar. En la cárcel todo se trata de esperar. Es lo que hacemos aquí". Pero insistí.

Mucho de lo que me decían era predecible. Espero el correo, una visita, el conteo, tiempo en la biblioteca, tiempo de recreación, tiempo para comer, tiempo en la cantina… para que me llame el abogado, que el juez decida, que se reúna el comité… todo lo que vaya a interrumpir el horrible e insensibilizante aburrimiento. ¡Para que me liberen!

Aun así, cuanto más preguntaba, y cuanto más hablaban los internos de la espera, más escuchaba las conmovedoras palabras inesperadas. Palabras como *perdón*, *elecciones*, *valor*, *respeto*, *significado*, *esperanza*, *contacto*, *amor*. Eran palabras que, por sus diferentes consonantes y vocales y sílabas sonaban como la palabra "misericordia".

Adviento significa "venida". Si una palabra o un estado de ánimo describe el Adviento, bien podría ser esperar. ¿Pero esperar qué? Esperar es, por una parte, esperanza y por otra parte, miedo; puede ser una muestra de deseo y una dosis de espanto. Para alentarnos en nuestra espera, exploraremos este pasaje revolucionario sobre María y Elisabet a través de esta sección de Adviento, como guía para nuestra pregunta "¿Qué espera?"

Una cita para reflexionar

Por sobre todas las cosas, confía en la lentitud de la obra de Dios. Somos naturalmente impacientes en todo para llegar al final sin demora. —Pierre Teilhard de Chardin[2]

Una pregunta para plantearse

¿Qué esperas?

Cántico

Tú, Jesús, nuestra esperanza

> Ven, y teje un mundo nuevo
> caminando en la verdad,
> para que, por fin, el pueblo
> viva en plena libertad.
> Ven, Jesús, abre el futuro
> de tu reino de alegría.
> Ven, derrumba este gran muro
> que hoy separa noche y día.

Jaci Maraschin, trad. Jorge Rodríguez © 1989 World Council of Churches[3]

ADVIENTO I: CIERTO TIPO DE ANHELO

Oración mantra

Quédate conmigo, Señor. No te vayas; quédate conmigo ahora.

Escrituras: Lucas 1:39-45

En aquellos días, levantándose María, fue de prisa a la montaña, a una ciudad de Judá; entró en casa de Zacarías y saludó a Elisabet. Y aconteció que cuando oyó Elisabet la salutación de María, la criatura saltó en su vientre. Y Elisabet, llena del Espíritu Santo, exclamó a gran voz: "Bendita tú entre las mujeres y bendito el fruto de tu vientre. ¿Por qué se me concede esto a mí, que la madre de mi Señor venga a mí? Porque tan pronto como llegó la voz de tu salutación a mis oídos, la criatura saltó de alegría en mi vientre. Bienaventurada la que creyó, porque se cumplirá lo que le fue dicho de parte del Señor".

Reflexión

Sentenciado a veinticinco años cuando sólo tenía diecinueve, a Montal le quedaban catorce años cuando lo conocí. Cuando me mostró una tarjeta de felicitación de su madre, me dijo que no lo había visitado en una década. Rob se sorprendió por una visita sorpresa de su hermano y lloró por tantos motivos como los años que habían vivido separados. La voz de Jess se quebró mientras admitía que su hijo adolescente, enojado por tener un padre en la cárcel, había renunciado a él y se había cambiado el nombre.

Para muchos que están en prisión, *familia* es una palabra amarga que se mete en espacios dolorosos, vacíos de la vida. La "familia primero", tatuado en los antebrazos de los internos, con quién sabe cuántos significados, revela un cierto anhelo. Millas inaccesibles de separación, listas de visitas ignoradas, amigos por correspondencia por desesperación, y números de teléfono bloqueados exponen las relaciones perdidas.

María y Elisabet eran primas. Las dos estaban inesperadamente embarazadas, y tenían un motivo para estar atemorizadas. Objeto vulnerable del ridículo, María corrió a Elisabet con la carga y emoción de sus noticias. Quería a alguien de la familia. Necesitaba la cercanía de alguien que entendería lo que muchos otros no podrían.

No se indica en la lectura que alguien fuese con María en su apuro a la casa de Elisabet. ¿No había un miembro de la familia a quien le importara? ¿Estaba escapándose de su casa o corriendo hacia la familia? Solamente podemos adivinarlo. Pero lo que sabemos es que las dos mujeres se encuentran esperando: Elisabet, la mujer vieja que nunca había podido tener un hijo (lo que era una desgracia para la familia y la comunidad), y María, la mujer joven que estaba embarazada pero no del hombre con el que estaba comprometida (lo que la hacía deshonrosa para la familia y la comunidad). No esperan la sentencia, sino la promesa de la misericordia de Dios. Esperan un futuro con esperanza.

María y Elisabet. Montal, Rob y Jess. ¿Cómo se relacionan entre sí? Si esta historia bíblica se tratara solamente de las vidas de hace tiempo de una prima vieja y su prima joven, no tendría mayor importancia. Pero la historia de María y Elisabet es la historia de todos nosotros. Es la historia de cualquiera que ha vivido lo que significa ser olvidado, rechazado o descartado. Es la bendición de Dios. Un Dios que promete, por motivos que no tienen nada que ver con nuestra propia conducta, pero todo que ver con la bondad de Dios, para nunca dejar de amarnos. Un Dios que promete siempre estar cerca de nosotros, porque somos la propia familia amada de Dios.

Una cita para reflexionar

No sé nada de eso, pero al ver las estrellas, siempre sueño.

—Vincent van Gogh[4]

Una pregunta para plantearse

¿Dónde encuentras el don de la comprensión, y cómo puedes comprender a los demás?

Oración

Dios, siempre presente, has elegido venir al mundo como yo he venido. Conoces las dichas y las cargas de la familia, el consuelo y la pérdida de amistad, y la necesidad de amor. Cuando estás cerca, te recuerdo y te nombro, ahora, los que me aman y sostienen (*en especial* _nombre_). Oro para sanar las penas y las heridas de la separación y la pérdida. Te pido que me bendigas con el don de la compañía y la comprensión. Lo pido en el nombre de Jesús. Amén.

Cántico

A media noche resonó

> A media noche resonó, glorioso y sin igual,
> un canto angelical de amor, sublime y divinal:
> "Paz en la tierra brinda Dios a toda su creación".
> El mundo atónito escuchó la voz angelical.
>
> Edmund H. Sears; 1810-1876; trad. compuesta

ADVIENTO 2: CANCIÓN PARA LOS HUMILDES

Oración mantra
Quédate conmigo, Señor. Mírame con misericordia y compasión.

Escrituras: Lucas 1:46-48, 50
Entonces María dijo: "Engrandece mi alma al Señor, y mi espíritu se regocija en Dios mi Salvador, porque ha mirado la bajeza de su sierva, pues desde ahora me dirán bienaventurada todas las generaciones... ¡su misericordia es de generación en generación a los que le temen!"

Reflexión
Era la víspera de Navidad, sólo minutos antes del servicio de las seis en la capilla. Con la Biblia en la mano, Joe corrió desde su celda, apresurándose bajo la luz de los reflectores del patio de la prisión que hacía que la nieve que caía reluciera. Era el tipo de escena de Navidad hecha para tarjetas de felicitación, si pudiera evitar el alambre cortante y las torres de los guardias. En su apuro para pasar de un edificio al otro, Joe no se había colocado la identificación de plástico en el exterior de su abrigo donde pudiera ser vista. Cuando llegó a la puerta, se enfrentó con un guardia que estaba parado lejos de la nieve caída. "¿A dónde está yendo?" "A la capilla". "¡No, no va!" "No veo su identificación, sin nombre usted no es nadie". El interno comenzó a desabrocharse el abrigo para mostrarle al guardia una identificación que pendía de una cuerda de plástico. "¡Demasiado tarde! Esta noche, yo soy Dios aquí y usted no tiene suerte". Joe se quedó allí con cara de invierno, sin palabras. "Vuelva a su celda, Sr. Nadie. Y Feliz Navidad".

María sabía lo que era ser invisible. Esa era la realidad para la mayoría de las personas en su mundo. Pero para María, la situación debe haber sido especialmente grave porque vivía bajo la brutal autoridad del Imperio Romano, que reprimía a sus súbditos judíos con una mano inmisericorde y pesada. Era una cultura en donde la justicia brindaba servicio a los poderosos mientras oprimía a los débiles.

Si alguien pensaba en ella, María habría sido considerada una sierva. Quizás ella pensaba eso de sí misma, lo que hace que estas líneas de Lucas sean más notables. Son los versos de una canción, a menudo llamada el "cántico de María", y también conocida como el Magnificat. Es la canción de una mujer sierva que alaba la misericordia de Dios.

Los humildes son todos a quienes se niegan las bendiciones en vida que Dios destina a toda la creación para que *todos* la reciban. Se les niega por lo que han hecho o no han hecho, o dónde nacieron, o su salud, o su género, o sus recursos o color o inteligencia o moral u ocupación, o por cualquier otra razón. Los humildes son los que no tienen nombre, los que son reducidos a números, los "otros" en las sombras, tan fáciles de olvidar.

María se arriesgaba a creer que las palabras que había escuchado del mensajero, Gabriel, realmente podrían ser verdaderas. Se arriesgaba a creer que Dios la miraba con su favor, que no tenía que tener miedo, que había esperanza de que Dios por cierto mostrara misericordia.

Y de esta manera, María cantaba su canción. Cantaba para sí misma y para todos nosotros. Canta canciones de misericordia para los olvidados y rechazados. Canta para los derrotados y los rechazados. Canta para los culpables y los inocentes, los apenados y los desesperados. Su canción es para los enojados, los atrapados, los amedrentados, los solitarios y los tristes. Reverbera entre los indigentes y los sin rumbo. Se hace eco desde la era al eón, de la esquina al núcleo, se repite entre lo conocido y lo desconocido, sobre aguas amargas, desde vientos severos a fuegos internos. Es una canción para cada persona que espera la misericordia de Dios.

Una pregunta para plantearse
¿En dónde estás esperando la misericordia de Dios en tu propia vida?

Oración
Humilde Señor Jesús, has conocido el rechazo y la crítica, has sido acusado y sentenciado, caído en desgracia con los humildes y condenados por los poderosos. Ves donde estoy y me conoces como otros no lo hacen. Obsérvame con bondad, libérame de la vergüenza, y enséñame a mirar a otros con misericordia. Amén.

Cántico
Un pueblo que camina

> Un pueblo que camina por el mundo
> gritando: "¡Ven, Señor!"
> Un pueblo que busca en esta vida
> la gran liberación.
> Los pobres siempre esperan el amanecer
> de un día más justo y sin opresión.
> Los pobres hemos puesto la esperanza en ti:
> Los pobres hemos puesto la esperanza en ti: ¡Libertador!

Texto © 1972 Juan A. Espinosa, admin.
OCP Publications[5]

ADVIENTO 3: ¿QUÉ GRANDES COSAS?

Oración mantra
Quédate conmigo, Señor; revela tu grandeza, y alienta mi fe.

Escrituras: Lucas 1:46, 49
Y María dijo: "Engrandece mi alma al Señor... porque me ha hecho grandes cosas el Poderoso. Santo es su nombre".

Reflexión
Yo era un interno nuevo. Todo sobre la vida en una celda era extraño y atemorizador. Las peores historias de qué esperar en la cárcel aplastaban mi espíritu como si fuera hierro contra la carne. Un oficial me dirigió al segundo nivel, donde una puerta zumbaba con un siseo metálico cuando rodaba a un lado para permitirme pasar de una vida a otra. En ese momento, recordé una bendición extrañamente graciosa que un amigo me había dicho unos pocos días antes. "Has perdido todo; no tienes más que perder. Pocas personas tienen ese privilegio no elegido de comenzar una nueva vida". Por cierto, una bendición extraña.

Tomó enorme coraje, el tipo de coraje que desea aguantar el ridículo y provocar indignación, para que María creyera y anunciara descaradamente: "El Poderoso me ha hecho grandes cosas". A partir de la evidencia más humana, se la calificaba como indigna de respeto en un mundo que admira los logros, la fortuna y el linaje. Pero María creía en la promesa de la palabra de Dios, que ella ya había recibido grandes cosas de Dios. ¿Dónde encontraba el corazón para esa fe tan profunda?

Detrás de mí, la puerta de acero gruñó cerrándose y después chirrió en la cerradura. Allí estaba yo, con el privilegio que no había elegido de comenzar una nueva vida. Un preso estaba a pocas pulgadas de las literas, listo para presentarse en español:

"Hola, mi nombre es Manuel". Pocos minutos después me ofreció café y una galleta. "Mi madre", dijo pasando al idioma inglés, "siempre creyó que cuando hay suficiente para uno, entonces hay suficiente para dos. Es verdad. ¿Sí? Es algo muy bueno, ¿no crees?", dijo, agregando en español: "¡Bienvenido!"

¿Qué grandes cosas podía esperar María? Su hijo prometido habría de nacer en circunstancias miserables. Ella, José y el bebé serían el objetivo de una masacre ordenada por el gobierno. Huirían durante la noche y se convertirían en refugiados en una tierra extranjera. Cuando regresaran a su hogar, todavía temerían por sus vidas. Cuando el ministerio de Jesús comenzó en la sinagoga de su ciudad natal, sería conducido fuera del pueblo por una turba que amenazaría con asesinarlo. Finalmente, su joven vida terminaría en una ejecución ordenada por el estado mientras María observaba, llorando, junto a la crucifixión.

¿Qué grandes cosas? Esto nos mostrará Jesús: Come con los escandalosos. Es amigo de los ladrones. Alimenta a los hambrientos. Acoge a los marginados. Perdona a los pecadores. Confía en los infieles. Y al final, desde el otro lado de la puerta de la muerte, cuando todo parecía perdido, la nueva vida dejó de esperar y ¡comenzó!

Una cita para reflexionar

Se nos habla de mansa obediencia. Nadie menciona el coraje. El Espíritu engendrador no entró en ella sin su consentimiento. Dios esperó. —Denise Levertov[6]

Una pregunta para plantearse

¿En qué eventos o momentos de estos días has experimentado grandes cosas inusuales e inesperadas de Dios?

Oración

Santo, poderoso Dios, tú revelas el misterio de la verdadera
grandeza. Al asustado y preocupado le das esperanza. Al
culpable y marginado le das un nuevo día. Y entre los oprimidos
y encarcelados ofreces la liberación. Donde veo solamente
callejones sin salida muéstrame un nuevo camino. En mi miedo,
guíame hacia el coraje. Y en mis dudas, dirígeme hacia la fe.
Con esperanza, lo pido en el nombre de Jesús. Amén.

Cántico

Cántico de María

> Proclama mi alma la grandeza del Señor,
> se alegra mi espíritu en Dios, mi Salvador
> porque ha mirado la humildad de su sierva.
> Desde ahora me felicitarán todas las generaciones,
> porque el Poderoso ha hecho obras grandes por mí;
> su nombre es santo.
>
> De Lucas 1:46-49

ADVIENTO 4: UNA FUERZA TAN EXTRAÑA

Oración mantra

Quédate conmigo, Señor; sé mi fuerza para hoy, mi
esperanza mañana.

Escrituras: Lucas 1:46, 51-53

Entonces María dijo: "[El Poderoso] hizo proezas con su brazo;
esparció a los soberbios en el pensamiento de sus corazones.
Quitó de los tronos a los poderosos y exaltó a los humildes. A
los hambrientos colmó de bienes y a los ricos envió vacíos".

Reflexión

Se crió en las calles, donde portar armas precedía a la pubertad, donde las drogas de los adolescentes pagaban el alquiler que no pagaba un padre desaparecido hacía mucho, y compraban los alimentos que no podía comprar su madre. Donde el atraco era el rito de iniciación y el robo, la marca del coraje. Allí, la fuerza usa un extraño disfraz. ¿Y acaso la mayoría de nosotros no quiere ser fuerte, o al menos parecer fuerte? De modo que él portó un arma y la usó. Vendió drogas para tener un techo y una cama, compró cereales y leche y tater tots para sus hermanas y su hermano, y robaba Nikes y automóviles para demostrar que era fuerte.

Pero no era lo suficientemente fuerte como para reconocer que en secreto pedaleaba su bicicleta hasta la costa del lago Michigan para leer poesía. O que le encantaba mirar programas tontos de TV con su abuela. O que estaba cansado de sufrir hambre. O que estaba asustado la mayor parte del tiempo. O que sufría por las manos que lo golpearon e hicieron cosas peores. O que simplemente quería ser amado. Luego terminó en la cárcel, un chico que trató de ser lo suficientemente fuerte como para no llorar.

La prisión tiene su propia y extraña cultura de la fuerza, que convierte en zonas de combate a los campos de recreación y a los gimnasios. Donde las historias de delitos condecoran a las personas de la misma manera en que los Niños Exploradores lucen sus insignias al mérito. Donde los abusos gritados palpitan en los teléfonos de las salas de espera hasta que se acaban el tiempo o el dinero. Donde las lágrimas secretas se vierten en las duchas y empapan las almohadas. Es una fuerza extraña en la que "endurecerse" prevalece sobre "abrirse" y la venganza ridiculiza al perdón. La prisión tiene su propia y extraña cultura de la fuerza.

Cuando María canta sobre la manera en que Dios muestra su fuerza, sus palabras evitan todos los conceptos populares sobre lo que significa ser fuerte. Expone audazmente la fuerza que se traduce en misericordia por los hambrientos y por los pobres y humildes, no por el orgullo y el privilegio de los poderosos. Canta la introducción a todo aquello en que se convertirá la criatura que lleva en su vientre. Su canción es un preludio al ministerio de Jesús en el que el último se volverá el primero, donde el sirviente se tornará amo y los débiles son fuertes.

Dios mira la forma en que el mundo ha elegido girar, y lo mueve en otra órbita. Dios ve las reglas carentes de misericordia que hemos codificado para nuestras vidas y las rompe, una tras otra: Benditos seáis los pobres, los hambrientos, los que lloráis, los que sois odiados, excluidos, injuriados, difamados. Amad a vuestros enemigos, haced bien a los que os odian; bendecid a los que os maldicen y orad por los que os calumnian (Lucas 6).

Y luego, después del canto de María, después de la espera, el niño nacería y habría otra canción. Todos los cielos se abrirían para cantar: "¡Gloria a Dios en las alturas y en la tierra paz, buena voluntad para con los hombres!" (Lucas 2:14).

Una cita para reflexionar
Una celda de prisión en la que uno espera, tiene esperanzas, hace varias cosas no esenciales y depende por completo de que la puerta de la libertad se abra desde el exterior, no es una mala imagen del Adviento —Dietrich Bonhoeffer[7]

Una pregunta para plantearse
¿De qué maneras la fuerza te resulta difícil?

Oración

Dios justo y compasivo, tú nos das fuerzas por medio de la bondad y nos muestras el poder de la compasión. Levantas a los que están caídos y prometes alivio a los pobres. Defiéndeme de toda violencia, dame el coraje que necesito para ser amable, ayúdame a perdonar y lléname con el espíritu de generosidad. Pido esto en nombre de Jesús. Amén.

Cántico

Consolad al pueblo mío

> "Consolad al pueblo mío
> con mi paz", dice el Señor.
> "A los que en umbral de muerte
> les abruma su terror.
> A Jerusalén decid
> que ya viene su Adalid;
> Que su lucha ha terminado;
> Dios comienza su reinado".

Johannes Olearius; trad. Dimas Planas-Belfort

© 1989 Editorial Avance Luterano[8]

LA VIDA DE DIOS ENTRE NOSOTROS: NAVIDAD

Oración mantra

Estad quietos y conoced que yo soy Dios,
Estad quietos y conoced que yo soy
Estad quietos y conoced que yo,
Estad quietos y conoced
Estad quietos y
Estad quietos
Estad

Escrituras: Isaías 9:4; 6-7

Porque tú quebraste su pesado yugo, la vara de su hombro y el cetro de su opresor, como en el día de Madián. Porque un niño nos ha nacido, un hijo nos ha sido dado, y el principado sobre su hombro; y se llamará su nombre Admirable consejero, Dios fuerte, Padre eterno, Príncipe de paz. Lo dilatado de su imperio y la paz no tendrán límite sobre el trono de David y sobre su reino. Lo dispondrá y confirmará en juicio y en justicia desde ahora y para siempre.

Reflexión

Finalmente se han cumplido nuestras esperanzas de Adviento: ¡La Navidad ha llegado! La promesa de Dios de un Salvador que gobierne con paz y justicia se ha cumplido en la forma de un bebé recién nacido: Jesús. El vasto misterio de Dios se encarna de repente en un niño llamado Jesús, que grita al mundo tal como lo hizo cada uno de nosotros al nacer.

Llamamos a este evento de Dios nacido como un ser humano, la Encarnación, lo que significa Dios "hecho carne". Si bien la palabra *encarnación* luce y suena similar a la palabra *encarcelamiento*, las dos no podrían ser más opuestas. *Encarcelamiento* se refiere a reclusión, soledad y confinamiento. Se trata de separar a una persona del mundo. *Encarnación* es Dios que se convierte en un ser humano para recorrer con nosotros nuestro camino terrenal, para salvarnos y para liberarnos.

La mejor noticia de este milagro de Navidad es que Dios sigue entrando en nuestros corazones y encontrándonos dondequiera que estemos. Las paredes de la prisión no pueden excluir a Dios. De hecho, encontramos en la Biblia que: "ni la muerte ni la vida, ni ángeles ni principados ni potestades, ni lo presente, ni lo por venir, lo alto ni lo profundo, ni ninguna otra cosa creada nos podrá separar del amor de Dios, que es en Cristo Jesús, Señor nuestro" (Romanos 8:38-39).

Una cita para reflexionar

La Navidad no vino después de que una gran masa de gente completó algo bueno, o como resultado exitoso de un esfuerzo humano. No, vino como un milagro, como el niño que llega cuando su tiempo se ha cumplido, como un regalo. —Eberhard Arnold[9]

Una pregunta para plantearse

¿Qué significa para ti el cumplimiento de la promesa de Dios?

Cántico

Venid, pastores, venid, pastores, venid

> Venid, pastores,
> Venid, pastores, venid,
> Oh, venid a Belén. Oh, venid al portal.
> Yo no me voy de Belén sin al niño Jesús
> un momento adorar.
> ¿No oyes al gallo cantar
> con su potente voz?
> Anuncia al mundo
> que ya Jesucristo nació.
> Villancico de Puerto Rico

NAVIDAD I: PROMESA CUMPLIDA

Oración mantra

Oh Dios, no sé por dónde comenzar. Ven y convierte a mi corazón en un establo. En tiempos de oscuridad, dolor y temor, Señor, encuéntrame allí. Señor, encuéntrame allí.

Escrituras: Lucas 2:1, 3-14

Aconteció en aquellos días que se promulgó un edicto de parte de Augusto César, que todo el mundo fuera empadronado. E iban todos para ser empadronados, cada uno a su ciudad. También José subió de Galilea, de la ciudad de Nazaret, a Judea, a la ciudad de David, que se llama Belén, por cuanto era de la casa y familia de David. Fue para ser empadronado con María, su mujer, desposada con él, la cual estaba encinta. Aconteció que estando ellos allí se le cumplieron los días de su alumbramiento. Y dio a luz a su hijo primogénito, y lo envolvió en pañales y lo acostó en un pesebre, porque no había lugar para ellos en el mesón. Había pastores en la misma región, que velaban y guardaban las vigilias de la noche sobre su rebaño. Y se les presentó un ángel del Señor y la gloria del Señor los rodeó de resplandor, y tuvieron gran temor. Pero el ángel les dijo: "No temáis, porque yo os doy nuevas de gran gozo, que será para todo el pueblo: que os ha nacido hoy, en la ciudad de David, un Salvador, que es Cristo, el Señor. Esto os servirá de señal: hallaréis al niño envuelto en pañales, acostado en un pesebre". Repentinamente apareció con el ángel una multitud de las huestes celestiales, que alababan a Dios y decían: "¡Gloria a Dios en las alturas y en la tierra paz, buena voluntad para con los hombres!".

Reflexión

Nuestra fallida naturaleza humana hace que la palabra *promesa* signifique muy a menudo "desilusión". A nuestro alrededor y en nuestras vidas, muchas promesas no se han cumplido. Promesas de presencia, de amor, de dinero, de materiales o de tiempo, promesas rotas y reemplazadas por ira, pena y confusión. Estos momentos de discordia se producen en muchos niveles: promesas entre amigos, votos entre seres amados, acuerdos entre gobiernos. Es fácil ser atrapado por la desilusión, abrumado por sentimientos de ira o desconfianza, o de culpa y odio a uno mismo. "Dios, ¿dónde estás?", gritan nuestras voces, uniéndose a las de siglos de personas que anhelan una relación completa y sagrada. ¿En quiénes podemos confiar?

La historia de Navidad es el cumplimiento de una promesa. Dios dice "estaré contigo". A través del nacimiento de Jesús, Dios viene a la Tierra, trayendo luz y vida para todos. El escenario que Dios elige para esta historia es sorprendente. Jesús no nace en la riqueza y el poder. Por el contrario, nace de una joven pareja, María y José, en un establo para animales. En esta pobreza nace un Salvador. Esto no es simplemente el nacimiento de un bebé. Es el nacimiento de la paz. El nacimiento de la esperanza. Es el nacimiento de la gracia, el amor incondicional de Dios por todas las personas. El amor de Dios por ti.

Durante los últimos tres años he dirigido un coro de mujeres en la prisión, llamado Voces de la Esperanza. Para la primera Navidad quería darle a cada una un regalo, pero las reglas de la prisión prohibían el ingreso de cualquier cosa. Entonces escribí una canción:

> Cuando te has despedido de los que amas / y te sientes solo y no es suficiente, / Cuando estás atrapado en tu cabeza y pierdes el control de la batalla por la valía en tu mente y en tu alma . . .
>
> Canta una nueva canción, canta una canción de paz.
> Pues la canción que tú cantes te liberará.
> Canta una nueva canción, canta una canción de esperanza.
> Estará contigo siempre, dondequiera que vayas.

Dios es la canción en nuestros corazones. Con frecuencia estamos muy ocupados, ruidosos o ansiosos para escucharla, pero Dios continúa cantando una nueva canción en nuestras vidas. Dios está siempre con nosotros, y esta promesa de presencia es el mejor de los regalos.

Una cita para reflexionar

Si la santidad y el terrible poder y la majestuosidad de Dios estuvieron presentes en el menos auspicioso de los acontecimientos, el nacimiento del hijo de un campesino, entonces no hay lugar ni momento que sean tan bajos y terrenales como para que la santidad no pueda estar presente en ellos. —Frederick Buechner[10]

Una pregunta para plantearse

¿Dónde surgen para ti en prisión los temas de confianza y de promesas?

Oración

Dios sustentador, has prometido estar con nosotros en los momentos de alegría y de pena, pero confesamos que no siempre confiamos en tu presencia. Gracias por enviar a tu Hijo, Jesús, a vivir entre nosotros, a sanarnos y confortarnos, y a predicar una palabra radical de amor y gracia al mundo. Que llevemos esta canción en nuestro corazón como un recordatorio de tu firme promesa. Y que tu amante fidelidad se refleje en nuestros pensamientos y acciones hacia nosotros mismos y hacia los demás. Oremos en el nombre de Jesús. Amén.

Cántico

Al mundo gozo proclamad

> Al mundo gozo proclamad,
> ya vino su Señor.
> Loor sin par y sin cesar
> cantad al Salvador,
> cantad, cantad al Salvador,
> cantad, cantad al Salvador.

Isaac Watts, 1674–1748; trad. Albert Lehenbauer

NAVIDAD 2: GRACIA SOBRE GRACIA

Oración mantra
Dios que eres más grande que todo el tiempo y el espacio,
ayúdame a decir ¡SÍ! a recibir tu gracia.

Escrituras: Juan 1:1-5, 14, 16
En el principio era el Verbo, el Verbo estaba con Dios y el Verbo
era Dios. Este estaba en el principio con Dios. Todas las cosas
por medio de él fueron hechas, y sin él nada de lo que ha sido
hecho fue hecho. En él estaba la vida, y la vida era la luz de los
hombres. La luz resplandece en las tinieblas, y las tinieblas no la
dominaron. Y el Verbo se hizo carne y habitó entre nosotros lleno
de gracia y de verdad; y vimos su gloria, gloria como del unigénito
del Padre. . . . De su plenitud recibimos todos gracia sobre gracia.

Reflexión
Si bien *gracia* no es una palabra que usemos en forma
cotidiana, es uno de los conceptos centrales de la fe cristiana.
La gracia es el amor que Dios nos da en forma gratuita e
incondicional. No hay nada que podamos hacer para ganar el
amor de Dios. De la misma manera, ninguna de nuestras caídas
impedirá que Dios nos ame. Este puede ser un concepto difícil
de comprender, ya que las relaciones humanas normalmente
no trabajan así. Estamos acostumbrados a ganar la confianza,
desarrollar amistades y crecer en los afectos. Hemos alejado a
otros o hemos sido alejados cuando hemos tomado decisiones
hirientes. Sin embargo, Dios, que nos creó y conoce cada aspecto
de nuestro ser, nos ha amado y nos seguirá amando en forma
incondicional. Puede ser difícil aceptar la gracia de Dios. Nos
sentimos no merecedores de amor: ¿Por qué alguien me amaría?

En el primer ensayo del coro de la prisión Voces de Esperanza,
los muros de la prisión jamás habían escuchado una música

tan hermosa. Pude contemplar una sala llena de cantantes entusiastas que redescubrían la esperanza y la alegría de la música. Todas, es decir, menos una mujer que sollozaba en la última fila. El ensayo duró una hora, y ella estuvo llorando todo ese tiempo. Justo antes del final le pregunté si todo estaba bien. "No sé lo que me está sucediendo", exclamó ella. "¡Yo nunca lloro!".

¿Con qué frecuencia nos acercamos al mundo con los brazos en alto, listos para luchar? Construimos paredes y nos resistimos a los sentimientos. Cuando hacemos esto no sólo nos protegemos de las cosas malas, sino que también estamos rechazando las buenas. Pero Dios ya está actuando en nosotros. No tenemos que ganarnos la gracia de Dios. La recibimos como un regalo.

Una cita para reflexionar

La gracia de Dios es un regalo que se nos da en forma gratuita. No nos ganamos algo que viene del amor de Dios, y solamente tratamos de vivir en respuesta al regalo. No podemos acercarnos a Dios por medio de nuestra piedad o bondad. Dios siempre se está acercando a nosotros. —Nadia Bolz-Weber[11]

Una pregunta para plantearse

¿Cómo puedes estar obstaculizando tu recepción de la gracia de Dios en la forma de Jesucristo?

Oración

Dios de gracia, nos amas como a los tuyos. Cuando intentamos alejar el bien que tienes para nosotros, ábrete paso en nuestros corazones. Cuando nos sentimos quebrantados, repáranos. Cuando dudamos de tu gracia, recuérdanos que tu canción es verdadera y adorable, aunque la cantemos entre lágrimas. Lo pido en nombre de Jesús. Amén.

Cántico
Sublime gracia del Señor

> Sublime gracia del Señor,
> que a un pecador salvó;
> perdido andaba, él me halló;
> su luz me rescató.
>
> John Newton, 1725-1807, alt.; trad. Cristóbal E. Morales

NACIMIENTO DE LA ESTRELLA BRILLANTE: EPIFANÍA

Oración mantra
Señor Jesús, he viajado desde lejos
buscándote, la estrella más brillante.
Acostumbrado a las tinieblas de la noche,
que yo encuentre consuelo en tu luz.

Escrituras: Mateo 2:1-2
Cuando Jesús nació, en Belén de Judea, en días del rey Herodes,
llegaron del oriente a Jerusalén unos sabios, preguntando:
"¿Dónde está el rey de los judíos que ha nacido? Pues su estrella
hemos visto en el oriente y venimos a adorarlo".

Reflexión
La Epifanía es el tiempo de la luz. Alta en el cielo nocturno,
sobre el establo en que nació Jesús, brilla resplandeciente
una estrella. Esta estrella es literalmente una iluminación
que atrae al mundo hacia el amor de Dios, venido a la Tierra
como un bebé recién nacido. La Epifanía es también una luz
en nuestros corazones. En este tiempo llegamos a conocer el
ministerio radical de Jesús, y nuestro llamado a viajar guiados
por la luz que es Jesús. Y ya no volvemos a ser los mismos.

Jesús no es un maestro común. Su mensaje subversivo invierte el orden social, instruyendo a sus estudiantes para que amen a sus enemigos y eleven a los pobres y humildes. Es aún más sorprendente el hecho de que Jesús no sólo *predica* la hospitalidad radical, sino que la *practica* . El ministerio de Jesús transforma el dolor y el pesar en bendiciones. Jesús pasa su tiempo en los márgenes de la sociedad, donde sus seguidores lo ven realizar milagros: convertir el agua en vino en la boda de Caná, curar al enfermo y expulsar demonios.

A medida que conocemos estas historias, nosotros también nos convertimos en seguidores de Jesús. Dios se ha presentado y seguirá presentándose en nuestras vidas en momentos inesperados y de maneras inesperadas, listo para moldearnos en la mejor versión de nosotros mismos. Cuando oramos, cuando construimos una comunidad, cuando viajamos por montañas y valles, cambiamos. Cantemos juntos: "Mi pequeñita luz, la dejaré brillar".

Una cita para reflexionar

Nacimos para manifestar la gloria de Dios que está en nosotros. No está solo en algunos de nosotros, está en todos. Y mientras permitimos que brille nuestra luz, de manera inconsciente le damos permiso a otra gente para que haga lo mismo. Cuando nos liberamos de nuestros miedos, nuestra presencia libera a otros de manera automática. —Marianne Williamson[12]

Una pregunta para plantearse

¿Cuál sería una forma de dejar brillar tu luz?

Amanece una luz sobre un mundo cansado

En él estaba la vida, y la vida
era la luz de los hombres

—Juan 1:3-4

Cántico
Mi pequeñita luz

> Mi pequeñita luz la dejaré brillar,
> mi pequeñita luz la dejaré brillar;
> mi pequeñita luz la dejaré brillar.
> Brillará, brillará, brillará.

Harry Dixo Loes, 1895-1965; trad. Raquel Mora Martínez, n. 1940

© 2010, GIA Publications, Inc.[13]

EL TIEMPO DESPUÉS DE LA EPIFANÍA I: VIAJE HACIA LA JUSTICIA

Oración mantra
Luz en las tinieblas, consuelo en la desesperación, paz alimentada por la justicia, Señor, escucha mi oración.

Escrituras: Mateo 2:7-12, 16
Entonces Herodes llamó en secreto a los sabios y se cercioró del tiempo exacto en que había aparecido la estrella. Y enviándolos a Belén, dijo: "Id allá y averiguad con diligencia acerca del niño y, cuando lo halléis, hacédmelo saber, para que yo también vaya a adorarlo". Ellos, habiendo oído al rey, se fueron. Y la estrella que habían visto en el oriente iba delante de ellos, hasta que, llegando, se detuvo sobre donde estaba el niño. Y al ver la estrella, se regocijaron con muy grande gozo. Al entrar en la casa, vieron al niño con María, su madre, y postrándose lo adoraron. Luego, abriendo sus tesoros, le ofrecieron presentes: oro, incienso y mirra. Pero siendo avisados por revelación en sueños que no volvieran a Herodes, regresaron a su tierra por otro camino.... Herodes entonces, cuando se vio burlado por los sabios, se enojó mucho y mandó matar a todos los

niños menores de dos años que había en Belén y en todos sus alrededores, conforme al tiempo indicado por los sabios.

Reflexión

A menudo cuando contamos la historia de Navidad, hacemos foco en la alegría por el nacimiento de Jesús. Las gentes cercanas y lejanas se vieron atraídas hacia la luz; tres hombres sabios viajaron una distancia considerable para traer regalos al rey recién nacido. Pero no todos estaban felices. El rey Herodes estaba temeroso. El nacimiento de Jesús fue una amenaza directa a su poder, de modo que el rey Herodes ordenó que todos los niños de Belén de dos o menos años de edad fueran asesinados. La ironía fue que Jesús nunca compitió con el rey Herodes.

Lana se unió al coro de mujeres Voces de Esperanza en la prisión en nuestro primer trimestre y pronto demostró su dedicación al canto. Se convirtió en una líder en el coro, y también estaba avanzando a grandes pasos para obtener su diploma GED. De repente, desapareció. Las otras cantantes explicaron que la habían transferido durante la noche a otro establecimiento. Los traslados sin previo aviso eran frecuentes. Los esfuerzos de Lana para hacer cambios positivos no tuvieron recompensa. ¿Dónde está la justicia en este sistema?

Por medio del ministerio de Jesús, Dios introduce una visión nueva y radical de la justicia: una comunidad inclusiva, de allegados unidos por la mutualidad, el respeto y el amor mutuo. Jesús nos da una visión de un mundo en el que los pobres serán elevados, los encarcelados serán liberados, los enfermos serán curados y todos los oprimidos serán liberados de sus cargas.

No a todos les gusta lo que Jesús tiene para decir, y sus discípulos descubren que no es fácil seguirlo. Es inevitable que encontremos a Herodes a lo largo del camino. ¿Estás listo para ese camino?

Una cita para reflexionar

He caminado el largo camino hacia la libertad. He intentado no desfallecer; he dado pasos en falso a lo largo del camino.... He tomado un momento aquí para descansar, para disfrutar de la gloriosa vista que me rodea, para apreciar la distancia que he recorrido. Pero sólo puedo descansar un momento, ya que la libertad acarrea responsabilidades, y no me atrevo a demorarme pues mi larga caminata aún no ha terminado. —Nelson Mandela[14]

Una pregunta para plantearse

¿Quiénes son los Herodes que encuentras en tu camino?

Oración

Dios Salvador, nuestro viaje es largo y necesitamos tu guía. No son sólo las paredes de esta prisión las que nos encierran. Es la manera en que pensamos y sentimos acerca de nosotros mismos. Son las paredes que hemos construido entre nosotros. Son nuestros intentos de ocultarnos de ti. Hazte conocer en este lugar, oh Dios. Que aceptemos el llamado de los profetas que se fueron antes que nosotros, que te sirvamos con amor y paz. En nombre de Jesús. Amén.

Cántico

Guía mis pies

> Guía mis pies mientras corro en fe.
> Guía mis pies mientras corro en fe.
> Guía mis pies mientras corro en fe,
> pues en vano no quiero yo correr.

Espiritual afroamericano; trad. María Eugenia Cornou, n. 1969

© GIA Publications, Inc.[15]

EL TIEMPO DESPUÉS DE LA EPIFANÍA 2: SOMOS LLAMADOS POR NUESTRO NOMBRE

Oración mantra
Soy una criatura de Dios

Cada vez que toque agua, repite este mantra. Incluso podrías querer mojar el dedo en el agua y dibujar una cruz en tu frente, o en la palma de tu mano. Este símbolo lo marca como propio de Dios, amado y sellado con la cruz de Cristo para siempre.

Escrituras: Lucas 3:15-16
Como el pueblo estaba a la expectativa, preguntándose todos en sus corazones si acaso Juan sería el Cristo, respondió Juan, diciendo a todos: "Yo a la verdad os bautizo en agua, pero viene uno más poderoso que yo, de quien no soy digno de desatar la correa de su calzado. Él os bautizará en Espíritu Santo y fuego".

Isaías 43:1
Ahora, así dice Jehová, Creador tuyo, Jacob, y Formador tuyo, Israel: No temas, porque yo te redimí; te puse nombre, mío eres tú.

Reflexión
He aprendido del coro de mujeres Voces de Esperanza en la prisión la importancia de ser llamado por el nombre propio. Esta lección surgió en lo que parecía un día muy ordinario en el coro. Nosotros habíamos estado componiendo algunas canciones básicas, e invitamos a algunos huéspedes a la prisión para una actuación. Dado que los músicos invitados superaron los controles de seguridad con tiempo de sobra, escribimos rápidamente una canción para las mujeres del coro. Decidimos que cantaríamos las palabras "Escuchamos a las Voces de Esperanza", seguidas por el nombre de cada

una de las cantantes: "Escuchamos a Vanessa, escuchamos a Angelique…", alrededor de veinticinco mujeres en total. Parecía una idea simple, y no estábamos preparados para su impacto.

Cuando llegó el momento de compartir la canción, comenzamos con la lista de nombres. Las primeras estaban asombradas. "Eh, esa soy yo", dijo alguien con una sonrisa. Cuando captaron la pauta, todas guardaron silencio. Se podía ver a las mujeres esperar su nombre y, una por una, cuando se las nombraba, las lágrimas corrían por sus rostros.

Dios llama a cada uno por su nombre. En el bautismo somos marcados por la cruz de Cristo, un signo de que Dios lo ha sacrificado todo para decir "te amo". No importa quiénes somos, ni qué camino nos ha llevado hasta este momento, las aguas del bautismo nos lavan completamente, afirmando nuestra pertenencia a la sagrada familia de Dios. Tu nombre no es delincuente, recluso, criminal o preso. Tú no eres un número, o una identidad olvidada. Tu nombre es "Amado hijo de Dios".

Una cita para reflexionar

Todos sentimos tristeza, todos llegamos a veces a desesperar, y todos perdemos la esperanza de que termine alguna vez el sufrimiento en nuestras vidas y en nuestro mundo. Quiero compartir con ustedes mi fe y mi comprensión de que este sufrimiento puede ser transformado y redimido. No existen situaciones totalmente desprovistas de esperanza… Dios está transformando el mundo ahora —por medio de nosotros— porque Dios nos ama. —Desmond Tutu[16]

Una pregunta para plantearse

¿Qué significa para ti tu nombre completo?

Oración

Oh, Dios de la nueva vida, te moviste sobre las aguas de la creación, y extrajiste belleza de ese caos. Confesamos que a veces hemos seguido manteniendo senderos de destrucción y desesperanza. Que tu gracia bautismal los lave, que podamos recibir una nueva vida. Reclámanos como tuyos, y acompáñanos en este viaje como tus hijos. En nombre de Jesús. Amén.

Cántico
Estoy llegando

> No soy la persona que yo era
> no soy la persona que quiero ser
> pero estoy llegando…
>
> No soy el futuro, no soy el pasado
> todo lo que tengo está aquí, entre mis manos
> pero estoy llegando…
>
> Yo llegaré a ser mi propio hogar
>
> Linda Kachelmeir; trad. Natalia Romero Arbeláez y
> Maria Teresa Arbeláez[17]

LIBÉRANOS DE NUESTRO PASADO: CUARESMA

MIÉRCOLES DE CENIZA: POLVO INSUFLADO EN VIDA

Oración mantra
Acompáñame en mi camino y oriéntame hacia ti.

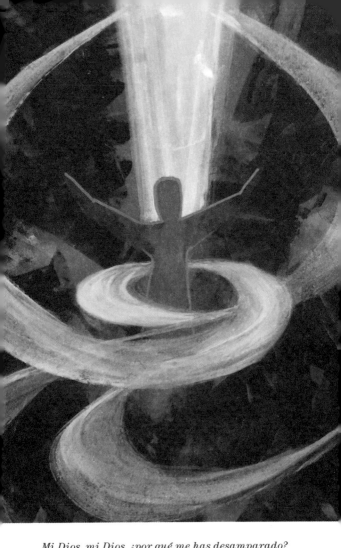

Mi Dios, mi Dios, ¿por qué me has desamparado?

*Oh Jehová, Dios de mi salvación,
día y noche clamo delante de ti.*

—Salmos 88:1

Escrituras: Salmos 51:10-12

¡Crea en mí, Dios, un corazón limpio,
    y renueva un espíritu recto dentro de mí!
No me eches de delante de ti
    y no quites de mí tu Espíritu Santo.
Devuélveme el gozo de tu salvación
    y espíritu noble me sustente.

Reflexión

El Miércoles de Ceniza inicia el viaje espiritual de cuarenta días de la Cuaresma, una oportunidad para reflexionar sobre lo que nos impide confiar plenamente en Dios. Los actos de generosidad, la plegaria y el ayuno son las "disciplinas de la Cuaresma". Pero el tiempo pasado en prisión es un ayuno forzado de mucho de lo que la vida solía ser. Y las prácticas religiosas se pueden usar como trofeos, como muchas conductas carcelarias exageradas, para impresionar a los demás. Los cuarenta días de Cuaresma son exactamente lo opuesto: un tiempo para mirar hacia adentro.

Al comienzo de la Cuaresma, el Miércoles de Ceniza, es habitual que un pastor o el sacerdote unte la señal de la cruz en la frente de una persona con cenizas y le diga: "Recuerda que eres polvo y al polvo volverás". Esta señal polvorienta de la cruz nos recuerda que el mismo Jesús soportó grandes sufrimientos, y que comprende todo nuestro dolor. Dios nos acompaña cuando sobrellevamos las experiencias más duras de nuestras vidas.

En el mundo se nos define habitualmente por nuestros éxitos o fracasos. Para los que están en la cárcel, el estigma del fracaso se aferra como un demonio que los quiere marcar como "reprobados", no sólo ahora sino para el resto de sus vidas. El mensaje se repite a diario: "Delincuente, criminal, malhechor..." Pero el mensaje de Dios en este día de cenizas y polvo es que no somos conocidos por nuestras faltas o crímenes, nuestros errores y malas decisiones.

"Pues polvo eres y al polvo volverás". (Génesis 3:19). Estas palabras valientes nos obligan a enfrentar la realidad de la muerte. Y nos enfrentamos con muchos tipos de muerte: relaciones rotas, separaciones de nuestros seres queridos, impotencia en un mundo que nos castiga, rechazo, reputación arruinada, pérdida del trabajo, pérdida del hogar, pérdida de dinero, pérdida de la familia, pérdida de la salud, pérdida del deseo, todos los pedazos destrozados de nuestras vidas. Pero esas palabras también nos hablan del poder de Dios para crear algo nuevo. Con lo que es pisoteado y barrido como polvo Dios crea vida y dice: "Esto es bueno" (Génesis 1).

Cualquiera que sea el número que te asigna el DOC, tu estatus de delincuente o la sentencia que te dictó el estado, no serás echado de la presencia de Dios. No se te negarán ni la esperanza ni la alegría de la salvación.

Una cita para reflexionar
Dejemos que éste sea
un tiempo para deambular,
para confiar en la ruptura,
para seguir esa ruptura
que te devolverá

a Aquel que espera, que observa,
y que desde el desgarro velará
para que tu corazón esté

pleno.
—Jan Richardson[18]

Una pregunta para plantearse
¿Cómo puede Dios reparar el quebranto que sientes en tu vida?

Oración
Santo Dios, que viajas con nosotros en todos los lugares de nuestras vidas: Quédate con nosotros en este tiempo. Abre nuestros corazones para que conozcamos y hablemos la verdad en nuestras vidas, y para verte como nuestro camino y nuestra vida. Guíanos para confiar en que estás trabajando para que todo sea nuevo y completo. Oremos en el nombre de Jesús. Amén.

Cántico
Conmigo vaya mi buen Jesús

> Conmigo vaya mi buen Jesús
> Conmigo vaya mi buen Jesús;
> Peregrino voy por el mundo;
> Vaya conmigo mi buen Jesús.
> Vaya en mis pruebas mi buen Jesús;
> vaya en mis pruebas mi buen Jesús;
> al sentirme casi vencido,
> Vaya conmigo mi buen Jesús.

Espiritual afroamericano; trad. Oscar L. Rodríguez © Oscar L. Rodríguez[19]

CUARESMA 1: DOLOROSA VERDAD

Oración mantra
Vuélveme hacia ti, Dios, y libérame de mi pasado.

Escrituras: Efesios 2:1-10
Estabais muertos en vuestros delitos y pecados, en los cuales anduvisteis en otro tiempo, siguiendo la corriente de este mundo, conforme al príncipe de la potestad del aire, el espíritu

que ahora opera en los hijos de desobediencia. Entre ellos vivíamos también todos nosotros en otro tiempo, andando en los deseos de nuestra carne, haciendo la voluntad de la carne y de los pensamientos; y éramos por naturaleza hijos de ira, lo mismo que los demás. Pero Dios, que es rico en misericordia, por su gran amor con que nos amó, aun estando nosotros muertos en pecados, nos dio vida juntamente con Cristo (por gracia sois salvos). Juntamente con él nos resucitó, y asimismo nos hizo sentar en los lugares celestiales con Cristo Jesús, para mostrar en los siglos venideros las abundantes riquezas de su gracia en su bondad para con nosotros en Cristo Jesús. Porque por gracia sois salvos por medio de la fe; y esto no de vosotros, pues es don de Dios. No por obras, para que nadie se gloríe. Pues somos hechura suya, creados en Cristo Jesús para buenas obras, las cuales Dios preparó de antemano para que anduviéramos en ellas.

Reflexión

Hablar de nuestro arrepentimiento. Hablar de las cosas que hemos hecho o dejado de hacer, y que han causado daño. Hablar de las formas en que nuestra vida se ha desviado. Todo esto es arrepentimiento. Desvalorizar, manipular o avergonzar a otras personas no es arrepentimiento. Buscar el camino hacia Dios es arrepentimiento. La palabra *arrepentirse* significa "dar la vuelta", retroceder, desviarse de los caminos que son destructivos y moverse hacia el amor de Dios.

Algo que ocurre con frecuencia y de manera peculiar manera en la prisión es hablar de la culpa de los demás en lugar de ser honestos con nuestra propia culpa. Asignar una jerarquía a los crímenes. Detallar los delitos. Culpar a los delatores, o a los policías, o a los informantes, a los jueces injustos, a las malas leyes y a los abogados ineficaces. Todas estas son formas de evitar enfrentarnos con nuestros propios pecados y culpas. Pero este culpar sólo nos hace prisioneros del pasado y nos mantiene alejados del regalo de una vida más grande y basada en el perdón. Esta es la vida que Dios quiere para nosotros, y el arrepentimiento nos libera para descubrirla.

Arrepentirse no significa aceptar un acuerdo de culpabilidad. No es una amenaza: "¡Arrepiéntase o enfrente las consecuencias!" Y no significa que desaparecerá el castigo por nuestras acciones erróneas. El arrepentimiento abre las puertas para sanar las relaciones rotas con otras personas, con las comunidades y con Dios. El arrepentimiento es el camino para liberarlo.

Una cita para reflexionar
A veces la sinceridad es muy difícil. Con frecuencia la verdad es dolorosa. Pero la libertad que nos puede brindar hace que valga la pena intentarlo. —Fred Rogers[20]

Una pregunta para plantearse
¿Qué libertad te brinda hablar sinceramente de tus arrepentimientos, incluso cuando resulta doloroso?

Oración
Dios misericordioso, que nos rescatas con el regalo gratuito del amor en Jesucristo: Aléjanos de nuestros defectos y acércanos a ti. Danos la fe para conocer tu gracia y la confianza de que perdonas todos nuestros errores. Inspíranos para buscarte y para vivir de tal modo que tengamos vidas plenas, ricas y llenas de alegría. Oramos en el nombre de Jesús. Amén.

Cántico
Dame a Cristo

De mañana al despertar, de mañana al despertar,
De mañana al despertar, dame a Cristo.

Dame a Cristo, dame a Cristo.

Nada más quiero yo, dame a Cristo.

Espiritual afroamericano; trad. María Eugenia Cornou, n. 1969;
© 2019 GIA Publications, Inc.[21]

CUARESMA 2: GUÍA DURANTE EL VIAJE

Oración mantra
¡Jesús, guíame; tentador, apártate!

Escrituras: Lucas 4:1-13
Jesús, lleno del Espíritu Santo, volvió del Jordán y fue llevado por el Espíritu al desierto por cuarenta días, y era tentado por el diablo. No comió nada en aquellos días, pasados los cuales tuvo hambre. Entonces el diablo le dijo: "Si eres Hijo de Dios, di a esta piedra que se convierta en pan". Jesús, respondiéndole, dijo: "Escrito está: No sólo de pan vivirá el hombre, sino de toda palabra". Luego lo llevó el diablo a un alto monte y le mostró en un momento todos los reinos de la Tierra. Le dijo el diablo: "A ti te daré todo el poder de estos reinos y la gloria de ellos, porque a mí me ha sido entregada y a quien quiero la doy. Si tú, postrado, me adoras, todos serán tuyos". Respondiendo Jesús, le dijo: "Vete de mí, Satanás, porque escrito está: Al Señor tu Dios adorarás y sólo a él servirás". Entonces lo llevó a Jerusalén, lo puso sobre el pináculo del Templo y le dijo: "Si eres Hijo de Dios, tírate de aquí abajo, pues escrito está: 'A sus ángeles mandará acerca de ti, que te guarden'", y "En las manos te sostendrán, para que no tropieces con tu pie en piedra". Respondiendo Jesús, le dijo: "Dicho está: 'No tentarás al Señor tu Dios'". Cuando acabó toda tentación el diablo, se apartó de él por un tiempo.

Reflexión

Si lo piensas, la tentación de Jesús es una historia sobre lo que nos sucede cada día. Jesús fue tentado para convertir la piedra en pan. Había ayunado durante cuarenta días. Si estás desesperadamente hambriento, aparentemente no tienes nada, o sientes un intenso deseo por algo, eso puede convertirse en el motivo fatídico para hacer lo que sea necesario para conseguir lo que necesitas.

Jesús fue tentado a creer que todos los reinos del mundo, reinos que el diablo reclamaba como propios, contenían todo el placer y el significado de la vida. Si te sientes poco importante o engañado por la vida, o desesperado por tener felicidad o poder, eso puede convertirse en el motivo fatídico para hacer lo que sea necesario para conseguir respeto.

Jesús fue tentado a arrojarse desde un alto pináculo para demostrar que Dios lo protegería. Si hay peligro en la calle o a la vuelta de la esquina, si hay amenazas o insultos, demostrar que no tienes miedo y que eres muy fuerte para ser dañado, esto puede convertirse en el motivo fatídico para hacer lo que sea necesario para protegerse.

Las tentaciones que llevan a la prisión también te acompañan al cruzar sus puertas. No desaparecen. Observa que la última oración de la lectura de las escrituras dice que el diablo no había terminado con Jesús: "se apartó de él por un tiempo".

Jesús expuso al diablo como un estafador, un tentador que ofrece solamente un mal final. Pero la lucha continúa. Y como nosotros no somos Jesús, a veces las tentaciones nos superan y somos víctimas de la estafa. El sentido de la historia, el regalo de estos cuarenta días en el desierto de la Cuaresma, es encontrar el apoyo de Jesús, que ha estado allí, y volverá allí para acompañarnos cuando el estafador reaparezca.

Una cita para reflexionar
Cada uno de nosotros es más que la peor cosa que hayamos hecho. —Bryan Stevenson[22]

Una pregunta para plantearse
¿Qué tentaciones estás enfrentando, y cómo puede Jesús ayudarte a superarlas?

Oración
Dios sustentador, que nos cobijas en nuestro tiempo tormentoso: Abre nuestros ojos a la presencia del Espíritu Santo entre nosotros. Danos fuerzas cuando las tentaciones de nuestras vidas parecen demasiado grandes. Y recuérdanos que eres el vencedor sobre el pecado, la muerte y el diablo. Oremos en el nombre de Jesús. Amén.

Cántico
Jesús es una roca en la tierra cansada

> Jesús es una roca en la tierra cansada,
> tierra cansada, tierra cansada;
> Jesús es una roca en la tierra cansada
> un abrigo en la tempestad.
> Espiritual afroamericano

CUARESMA 3: ALGO RENOVADO

Oración mantra
Dios, tú tienes el poder de crear un camino de la nada.

Escrituras: Isaías 43:18-19

No os acordéis de las cosas pasadas ni traigáis a la memoria las cosas antiguas. "He aquí que yo hago cosa nueva; pronto saldrá a luz, ¿no la conoceréis? Otra vez abriré camino en el desierto y ríos en la tierra estéril".

2 Corintios 5:17-18

De modo que, si alguno está en Cristo, nueva criatura es: las cosas viejas pasaron; todas son hechas nuevas. Y todo esto proviene de Dios...

Reflexión

Muchas conversaciones dentro de los muros de una prisión comienzan así: "¿Dónde estarás y qué harás cuando salgas?" Las respuestas se dividen entre una obsesión por "no volver a..." y una determinación por "volver a". Si se presta atención, se habla de creer que hay algo allí, o no hay nada allí; alguien allí o nadie allí; buena fortuna allí, o problemas allí. Pero en la mayoría de las conversaciones, como un puente deslucido en el camino hacia alguna parte, falta la conciencia de que no todo en la vida depende de dónde se vive, ni siquiera si es dentro o fuera de la prisión.

Otras conversaciones comunes en la prisión empiezan con: "Cuando te arrestan y vas a la cárcel descubres quiénes son tus amigos y quiénes no lo son". Es bastante cierto. Para muchos esto se siente como otro puente deslucido.

Tanto en el desasosiego como en la esperanza sobre dónde se desarrollará la vida y con quién se la vivirá, en las incertidumbres sobre el pasado o sobre el futuro, un profeta, Isaías, y un apóstol, Pablo, nos traen el mensaje de Dios. El mensaje es este: "Estoy haciendo algo nuevo".

Con frecuencia sentimos que, cuando algo se rompe, permanecerá así para siempre. Pero si te atreves a incluir a Dios en la conversación, presta atención y escucharás esto: En cada cosa difícil, en el sufrimiento y aún en la muerte, tienes motivos para esperar una nueva vida. La esperanza surge en lugares que no podemos imaginar, entre personas que nos sorprenderán, en momentos que no esperamos, y de maneras que nunca podríamos planificar. Este es el poder de Jesús y el trabajo del Espíritu para renovar las cosas.

Una cita para reflexionar

Hay en todos nosotros una parte que anhela saber que incluso lo más débil en nosotros sigue siendo redimible y que puede, en última instancia, servir para algo bueno. —Fred Rogers[23]

Una pregunta para plantearse

¿Puedes vislumbrar cómo Dios está renovando las cosas nuevas en tu propia situación?

Oración

Dios misericordioso, ayúdanos a tener fe en que eres capaz de renovar todas las cosas. Devuélvenos a ti cuando las cosas sean difíciles, inciertas o estén quebrantadas. Danos esperanza y ayúdanos a encontrar un camino cuando parezca que no hay camino; por Jesucristo nuestro Señor. Amén.

Cántico

Oí la voz del Salvador

> Oí la voz del Salvador
> decir con tierno amor:
> "¡Oh, ven a Mí, no temas más,
> cargado pecador!"
> Tal como estaba, a mi Jesús

cansado yo acudí;
y luego dulce alivio y paz
por fe en Él recibí.

Horatius Bonar, 1808-1889; trad. anónima

DOMINGO DE RAMOS O DE LA PASIÓN: ¿UN DESFILE DE TONTOS?

Oración mantra

¡Bendito es el que viene en el nombre del Señor! ¡Hosanna!

Escrituras: Marcos 11:1-10

Cuando se acercaban a Jerusalén, junto a Betfagé y a
Betania, frente al Monte de los Olivos, Jesús envió a dos de
sus discípulos, y les dijo: "Id a la aldea que está enfrente de
vosotros, y al entrar en ella hallaréis un pollino atado, en el
cual ningún hombre ha montado. Desatadlo y traedlo. Y si
alguien os pregunta: "¿Por qué hacéis eso?", decid que el Señor
lo necesita y que luego lo devolverá. Fueron, y hallaron el
pollino atado afuera a la puerta, en el recodo del camino, y lo
desataron. Algunos de los que estaban allí les preguntaron:
"¿Qué hacéis desatando el pollino?" Ellos entonces les dijeron
como Jesús había dicho, y los dejaron ir. Trajeron el pollino
a Jesús, echaron sobre él sus mantos, y se sentó sobre él.
También muchos tendían sus mantos por el camino, y otros
cortaban ramas de los árboles y las tendían por el camino. Y
los que venían detrás gritaban, diciendo: "¡Hosanna! ¡Bendito
es el que viene en el nombre del Señor! ¡Bendito el reino de
nuestro padre David que viene! ¡Hosanna en las alturas!"

Reflexión

La entrada triunfal de Jesús en Jerusalén comienza como un
desfile como tantos otros. Un líder entra en una ciudad, y sus

seguidores cantan y gritan alabanzas. Sin embargo, el líder de esta historia es un pobre maestro religioso montado en un burro, y sus seguidores son los marginados y los impotentes de la sociedad. El evento comienza como una celebración, pero pronto se asemeja a un desfile de tontos. Cuando se involucran las autoridades, Jesús, el héroe de la jubilosa multitud, es traicionado por un amigo, y otro niega siquiera haberlo conocido. Arrestado. Juzgado. Sentenciado. Ejecutado. ¿Qué fue de la esperanza?

Pero la mayoría de los que esperaban que Jesús cambiara las circunstancias de sus vidas miserables, que bajo el poder romano eran realmente miserables, cometieron un gran error de cálculo. Estaban vitoreando a un luchador. Era comprensible. Era lo que conocían en un mundo violento e injusto. De modo que Jesús fue más que una desilusión; pareció a la vez un tonto y un fracaso. La mayoría en la multitud estaban contentos de verlo morir.

Sin embargo, ni la desilusión de la gente, ni las traiciones de sus amigos ni los edictos de las autoridades determinarían ni podrían hacer la forma en que Jesús habría de liderar. Elegiría a los débiles por encima de los fuertes, a los más pequeños para ser los más grandes, a los últimos para ser los primeros. Elegiría la compasión en lugar de la venganza y el amor en lugar del odio. Y por eso habría de morir.

Pero el Domingo de Ramos fue tan sólo el evento inicial. El desfile de los tontos avanza hacia la paz y la justicia. Aquí comienza la Semana Santa, con más preguntas que respuestas. ¿Cómo promueves tú la paz y la justicia? En un mundo en el que los desfavorecidos pasan desapercibidos, se ignora a los pobres, se encarcela a gente de manera injusta y las multitudes permanecen hambrientas y sin hogar, ¿cómo respondes tú?

A medida que se desarrolla la Semana Santa, Jesús muestra un camino.

Una cita para reflexionar

Esta semana nos invita a considerar cómo nos movemos en nuestro propio viaje, tanto durante la cuaresma como en la vida. ¿Permitimos que las circunstancias nos arrastren, recorriendo nuestro camino tal como se presenta? ¿O procuramos caminar con intención y discernimiento, creando nuestro trayecto con alguna medida del coraje y la claridad con la que Cristo caminó el suyo, aún ante fuerzas que puedan estar fuera de nuestro control? —Jan Richardson[24]

Una pregunta para plantearse

¿Cuáles son algunas formas en que podrías promover la paz y la justicia en tu vida y en tus relaciones, aun en la prisión?

Oración

Dios triunfante, que entras en nuestras vidas como Jesús entró en Jerusalén montando un asno: Guíanos para que nuestra adoración se enfoque en ti y nuestras vidas busquen la paz y la justicia eternas que tú deseas. Mientras escuchamos la historia de la traición, el juicio y la muerte de Jesús, guíanos para estar más cerca de ti y para vivir de modos que promuevan la paz y la justicia en el mundo. Oremos en el nombre de Jesús. Amén.

Cántico

Bendito el Rey que viene

> ¡Bendito el Rey que viene en el nombre del Señor!
> ¡Alzad, alzad las puertas del duro corazón!
> No viene revestido de su ropaje real;
> su túnica es de siervo, su cetro, de humildad.
>
> Federico J. Pagura © 1962[25]

JUEVES SANTO: EL DESAFÍO DEL AMOR DE JESÚS

Oración mantra

Respira la confianza de la promesa de Dios.

    (*Inhala la promesa de Dios.*)

Exhala una devoción para derramar el amor de Dios.

    (*Exhala el amor de Dios.*)

Escrituras: Juan 13:3-10, 12-15, 34

(Durante la cena) Sabiendo Jesús que el Padre le había dado todas las cosas en las manos, y que había salido de Dios y a Dios iba, se levantó de la cena, se quitó su manto y, tomando una toalla, se la ciñó. Luego puso agua en una vasija y comenzó a lavar los pies de los discípulos y a secarlos con la toalla con que estaba ceñido. Cuando llegó a Simón Pedro, éste le dijo: "Señor, ¿tú me lavarás los pies?" Respondió Jesús y le dijo: "Lo que yo hago, tú no lo comprendes ahora, pero lo entenderás después". Pedro le dijo: "No me lavarás los pies jamás." Jesús le respondió: "Si no te lavo, no tendrás parte conmigo". Le dijo Simón Pedro: "Señor, no sólo mis pies, sino también las manos y la cabeza". Jesús le dijo: "El que está lavado no necesita sino lavarse los pies, pues está todo limpio; y vosotros limpios estáis, aunque no todos..." Así que, después que les lavó los pies, tomó su manto, volvió a la mesa y les dijo: "¿Sabéis lo que os he hecho? Vosotros me llamáis Maestro y Señor, y decís bien, porque lo soy. Pues si yo, el Señor y el Maestro, he lavado vuestros pies, vosotros también debéis lavaros los pies los unos a los otros, porque ejemplo os he dado para que, como yo os he hecho, vosotros también hagáis. Un mandamiento nuevo os doy: Que os améis unos a otros; como yo os he amado, que también os améis unos a otros".

Reflexión

Una de las últimas cosas que Jesús hizo con sus discípulos la noche en que fue arrestado fue lavar sus pies. Es uno de los últimos recuerdos que sus amigos tendrán de estar con él. Para muchos de ellos, esa acción de lavar los pies no tenía sentido. Era el trabajo de un sirviente, no de un maestro. Estaban sorprendidos, ofendidos probablemente, de que se rebajara literalmente de tal manera. Era vergonzoso. Pero con sus manos en los sucios pies de ellos, Jesús les enseña algo nuevo mostrándoles amor sin límites. Les da un nuevo mandato de amarse los unos a los otros como él los ha amado. El amor recurre a una postura de humildad y se arrodilla para realizar actos de servicio.

La cárcel es un lugar donde la humillación es una rutina diaria y donde la vida se vive entre personas a quienes les resulta difícil tanto querer como amar. Este mandato de Jesús de amar como él ama es un desafío enorme, pero es su mandato.

Sorprendentemente, Jesús ama sin excepciones. Aun sabiendo lo que le costará. Aun sabiendo que entre aquellos ante los que se arrodilla en servicio, aquéllos cuyos pies lavará, son los mismos pies que los llevarán cuando se escapen de él. Su amor por nosotros es así de sorprendente.

Una cita para reflexionar

Tenemos bastante religión para odiarnos unos a otros, pero no la suficiente para amarnos. —Jonathan Swift[26]

Una pregunta para plantearse

¿Cómo se puede vivir el enorme desafío de Jesús de amar a otros, incluso en la cárcel?

Oración

Dios de amor, que nos muestras que el verdadero amor se expresa a través del servicio: Mueve en nosotros la voluntad de amar y servir a los demás, incluso en las situaciones difíciles de nuestras vidas. Cuando nos sintamos tristes, que conozcamos tu amor constante. Abre tus ojos para ver las necesidades de los que nos rodean y para mostrar tu amor a todos los que lo necesitan. Oremos en el nombre de Jesús. Amén.

Cántico

Jesús, Jesús, enséñanos tú a amar

> Jesús, Jesús, enséñanos tú a amar
> Jesús, Jesús, enséñanos tú
> a amar y servir al prójimo ya aquí.
> Te arrodillaste a los pies
> de tus amigos, Señor;
> se los lavaste en señal de amor.
> Tom Colvin; trad. Felicia Fina © 1969, 1982 Hope Publishing Company[27]

VIERNES SANTO: SON TODAS LAS NOTICIAS QUE TENEMOS

Oración mantra

Dios, dame esperanza, dame fuerza, dame Jesús

Escrituras: Mateo 27:1-2, 11-14, 22-23, 26, 33-38, 46, 50

Cuando llegó la mañana, todos los principales sacerdotes y los ancianos del pueblo dispusieron contra Jesús un plan para entregarlo a muerte. Lo llevaron atado y lo entregaron a Poncio Pilato, el gobernador. Jesús, pues, estaba en pie delante del gobernador; y éste le preguntó, diciendo: "¿Eres tú el Rey de los judíos?" Jesús le dijo: "Tú lo dices". Y siendo acusado por los principales sacerdotes y por los ancianos, nada respondió. Pilato entonces le dijo: "¿No oyes cuántas cosas testifican contra ti?" Pero Jesús no le respondió ni una palabra, de tal manera que el gobernador estaba muy asombrado. Pilato dijo [a la multitud]: "¿Qué, pues, haré de Jesús, llamado el Cristo?" Todos le dijeron: "¡Crucifícalo!" El gobernador les dijo: "Pues ¿qué mal ha hecho?" Pero ellos gritaban aún más, diciendo: "¡Crucifícalo!" [...] y habiendo azotado a Jesús, lo entregó para ser crucificado. Cuando llegaron a un lugar llamado Gólgota, (que significa: "Lugar de la Calavera"), le dieron a beber vinagre mezclado con hiel; pero, después de haberlo probado, no quiso beberlo. Cuando lo hubieron crucificado, repartieron entre sí sus vestidos, echando suertes, para que se cumpliera lo dicho por el profeta. Y sentados lo custodiaban allí. Pusieron sobre su cabeza su causa escrita: "Éste es Jesús, el rey de los judíos". Entonces crucificaron con él a dos ladrones, uno a la derecha y otro a la izquierda. Y alrededor de las tres Jesús clamó a gran voz, diciendo: "Dios mío, Dios mío, ¿por qué me has desamparado?" Pero Jesús, habiendo otra vez clamado a gran voz, entregó el espíritu.

Reflexión

El viernes santo leemos la historia del juicio de Jesús, su crucifixión y muerte. Oímos las preguntas que su juez, Pilato, preguntó a Jesús. Oímos cómo la multitud se volvió contra Jesús después de su desfile en Jerusalén el Domingo de Ramos. El dolor de su sufrimiento y la violencia de su muerte son recordados con detalles espantosos. Cuando Jesús grita "Dios mío, Dios mío, ¿por qué me has desamparado?", oímos palabras que bien podrían ser las nuestras. Son ecos de tantos capítulos de nuestra propia vida gritados con rabia o murmurados en solitario silencio desde una celda.

Pero a pesar de toda su tristeza y sufrimiento, esta historia encierra un atisbo de esperanza. Es posible que nos cueste entenderlo, pero este rayo de esperanza desciende de la agonía de la cruz, donde Jesús clama a Dios con fe, incluso en medio de la tortura, la desesperación y el dolor. En este Viernes Santo, esa es toda la buena noticia que tenemos. Pero, sorprendentemente, resultará ser una buena noticia.

Una cita para reflexionar

La realidad del dolor es la ausencia de Dios: "Dios mío, Dios mío, ¿por qué me has desamparado?". La realidad del dolor es la soledad del dolor, la sensación de que tu corazón está destrozado, tu mente está en blanco "Dios mío, Dios mío, ¿por qué me has desamparado?" Sí, pero al menos, "Dios mío, Dios mío" —William Sloane Coffin[28]

Una pregunta para plantearse

Cuando te sientes desamparado por Dios, ¿puedes aún decir: "Dios *mío*"?

Oración

Dios santo, que sufrió como Jesucristo en la cruz: Quédate con nosotros a través de todo el sufrimiento en nuestras vidas. Consuélanos cuando nos sintamos desamparados, cuando temamos el juicio, cuando nos enfrentemos a la traición y cuando afrontemos la muerte. Danos el atisbo de esperanza y la seguridad de tu presencia que tanto necesitamos. Oremos en el nombre de Jesús. Amén.

Cántico

¿Presenciaste la muerte del Señor?

> ¿Presenciaste la muerte del Señor?
> ¿Presenciaste la muerte del Señor?
> Oh, al recordarlo a veces, tiemblo, tiemblo, tiemblo.
> ¿Presenciaste la muerte del Señor?

¿Viste cuando claváronle en la Cruz?
¿Viste cuando la tumba le encerró?

Espiritual afroamericano; trad. Federico Pagura[29]

SÁBADO DE GLORIA: EN LA ESPERA

Oración mantra
Espero ver cómo termina la historia; Estoy en la espera.

Escrituras: Mateo 27:57-61
Cuando cayó la noche, llegó un hombre rico, de Arimatea, llamado José, que también había sido discípulo de Jesús. Este fue a Pilato y pidió el cuerpo de Jesús. Entonces Pilato mandó que se le diera el cuerpo. Y tomando José el cuerpo, lo envolvió en una sábana limpia y lo puso en su sepulcro nuevo, que había labrado en la peña; y después de hacer rodar una gran piedra a la entrada del sepulcro, se fue. Estaban allí María Magdalena y la otra María, sentadas delante del sepulcro.

Reflexión
El Sábado de Gloria es el día completo del año eclesiástico en que Jesús está muerto. Es un día extraño para los seguidores de Jesús quienes esperaban que su futuro lo incluiría con ellos. Es el tipo de rareza que adormece tras el anuncio de la peor noticia o cuando se soporta el sufrimiento más duro. Es el tipo de rareza que adormece después de recibir la sentencia, el castigo impuesto. Es el vacío que empieza antes y dura más que nuestras lágrimas.

Los seguidores de Jesús no podían saber lo que se avecinaba; tenían más que temer que esperar. Las posibilidades del futuro se desvanecieron en un espacio abierto solamente para el dolor y el arrepentimiento. ¿Ahora qué entonces? Encerrados en la insensibilidad, no tenían nada que hacer más que esperar.

En la cárcel, nosotros también esperamos, haciendo tiempo hasta que la noche de la insensibilidad despierte a lo que aún no podemos ver, pero sólo nos atrevemos a esperar. A un hombre que ahora está cumpliendo una condena luego de ser arrestado, pero antes de ser sentenciado, en ese horrible tramo de espera por la decisión del juez, el consejero le preguntó—a ese hombre que creía que todo lo que amaba en su vida había sido destruido— : "¿Por qué no se mata?" Él respondió: "Porque quiero estar por aquí para ver cómo termina esta historia".

En la espera, esperamos. La historia aún no termina.

Una cita para reflexionar
En ti, Jehová, he confiado; no sea yo confundido jamás. ¡Líbrame en tu justicia! —Salmos 31:1

Una pregunta para plantearse
¿Cómo te mantienes en los extraños e insensibles tiempos de espera?

Oración
Jesús, moriste como nosotros lo haremos. Permanece con nosotros en nuestra espera. Ayúdanos a confiar en que podemos esperar en ti, incluso en nuestro vacío cuando el camino no está claro. Oremos en el nombre de Jesús. Amén.

Cántico
Velaré contigo

> Velaré contigo, Señor,
> mientras yo viva
> mientras yo viva
>
> Mateo 26, Taizé Community © 1984 Les Presses de Taizé, admin.
> GIA Publications, Inc.[30]

En la muerte todavía hay vida

Pues habéis renacido...
por la palabra de Dios que vive
y permanece para siempre.

—1 Pedro 1:23

MORIR PARA VIVIR UNA NUEVA VIDA: PASCUA

Oración mantra

¡Cristo ha resucitado! ¡El Señor ha resucitado! Y el que tanto así sufrió, ¡Aleluya! Y en desolación se vio, ¡Aleluya! Hoy en gloria celestial, ¡Aleluya! Reina vivo e inmortal, ¡Aleluya!

Escrituras: Lucas 24:44-49

Entonces [Jesús] les dijo: —"Éstas son las palabras que os hablé estando aún con vosotros: que era necesario que se cumpliera todo lo que está escrito de mí en la Ley de Moisés, en los Profetas y en los Salmos". Entonces les abrió el entendimiento para que comprendieran las Escrituras; y les dijo: "Así está escrito, y así fue necesario que el Cristo padeciera y resucitara de los muertos al tercer día; y que se predicara en su nombre el arrepentimiento y el perdón de pecados en todas las naciones, comenzando desde Jerusalén. Vosotros sois testigos de estas cosas. Ciertamente, yo enviaré la promesa de mi Padre sobre vosotros; pero quedaos vosotros en la ciudad de Jerusalén hasta que seáis investidos de poder desde lo alto".

Reflexión

El Domingo de Pascua es uno de los días más importantes y dichosos en la vida de los cristianos. En Pascua y durante los cincuenta días siguientes, los cristianos celebran la victoria de Jesús ante la muerte y ante las fuerzas injustas que lo enviaron a morir en la cruz. Pascua es la realización de la promesa de Jesús para revelar el amor de Dios, un amor que es más grande que la muerte y más grande que cualquier sistema o líderes del mundo. En su muerte y resurrección, Jesús nos muestra la fidelidad y presencia de Dios con nosotros, ahora y por siempre.

Mientras nuestra cultura considera a la Pascua como un tiempo para pintar huevos y llenar cestas con caramelos, los cristianos entendemos a la Pascua como un tiempo de nueva vida, esperanza y sanación. La historia de la resurrección nos recuerda que en la vida hay vida aún, como un nuevo brote en un árbol que sólo puede salir cuando la hoja que estaba allí antes se muere y cae. Somos llamados a este tipo de vida en Cristo. Somos llamados, en particular durante la Pascua, a dejar morir esas cosas que impiden que la nueva vida brote nuevamente en nosotros.

Los sistemas mundiales nos tienen a todos cautivos, y Dios viene a liberarnos. La muerte y la resurrección de Jesús afirman por nosotros que siempre hay tiempo para que el amor de Dios surja. Nadie está más allá del alcance de Dios ni más allá del amor de Dios.

Jesús dijo: "Soy la resurrección y la vida; el que cree en mí, aunque esté muerto, vivirá. Y todo aquel que vive y cree en mí, no morirá eternamente" (Juan 11:25-26). Esta es la promesa de Dios, no solamente la vida eterna, sino la vida actual, llena de la gracia, misericordia y amor de Dios.

Una cita para reflexionar
La resurrección se trata en parte de la fortaleza y de la persistencia del amor de Dios. Cuando hayamos hecho lo peor, Dios sigue siendo Dios, y sigue comprometido en ser nuestro Dios. —Rowan Williams[31]

Una pregunta para plantearse
¿Cómo se puede encontrar esperanza, sanación y una nueva vida mientras se vive en un lugar construido para castigarte y doblegar tu voluntad?

Cántico
Cristo vive

> ¡Cristo vive, fuera el llanto,
> los lamentos y el pesar!
> Ni la muerte ni el sepulcro
> lo han podido sujetar.
> No busquéis entre los muertos
> al que siempre ha de vivir.
> ¡Cristo vive! Estas nuevas
> por doquier dejad oír.

Nicolás Martínez © 1962, admin. Augsburg Fortress[32]

PASCUA 1: UNA SEMILLA COMIENZA

Oración mantra
Dios de amor, planta en mi corazón la semilla de una nueva vida.

Escrituras: Juan 12:23-26
Jesús les respondió diciendo: "Ha llegado la hora para que el Hijo del Hombre sea glorificado. De cierto, de cierto os digo, que si el grano de trigo que cae en la tierra no muere, queda solo, pero si muere, lleva mucho fruto. El que ama su vida, la perderá y el que odia su vida en este mundo, para vida eterna la guardará. Si alguno me sirve, sígame; y donde yo esté, allí también estará mi servidor. Si alguno me sirve, mi Padre lo honrará".

Reflexión
En este pasaje del Evangelio de Juan, Jesús ha llegado a Jerusalén con muchos de sus seguidores. Sabe que pronto será traicionado por uno de ellos, y entregado a las autoridades. Será sometido a un simulacro de juicio, será golpeado por la policía, se lo declarará culpable de delitos que no ha cometido,

se lo condenará y se lo matará. Él intenta preparar a sus amigos para todo esto. Salen juntos, y Jesús está tratando de ayudarles a entender el costo de estar asociados con él y de continuar su obra después de que se haya ido.

La gente de los alrededores ha oído hablar de Jesús y de cómo ha sanado y alimentado a la gente y se ha mezclado con líderes religiosos y políticos locales. Les gusta lo que oyen, pero no saben lo que significará para ellos unirse a él.

Jesús les habla de hacer sacrificios. Les dice que seguirlo significa renunciar a algunas cosas que se interponen con la forma en que él los llama a vivir. Quiere que abandonen su antigua forma de vida y su antigua forma de pensar sobre lo que significa ser exitoso o poderoso, porque las cosas mundanas no significan nada para Dios. Quiere que aprendan a dejarse llevar, igual que el pequeño grano de trigo se desprende del tallo alto y cae al suelo y se posa en tierra fértil. Quiere que confíen en que una vida arraigada en él estará llena de cosas más grandes que las que puede brindar el mundo.

En la prisión todo se trata de dejarse llevar. Estar encarcelado significa dejar de lado la libertad, la familia y los amigos durante un tiempo, a veces muy largo. También significa dejar de lado lo que nos ha traído hasta aquí. El encarcelamiento nos da una oportunidad, si decidimos aprovecharla, de liberarnos de un modo de vivir y de pensar que nos llevaron a estar cautivos. Jesús nos dice que estábamos cautivos mucho antes de ser encarcelados, porque estábamos cautivos de nuestros deseos de poder, dinero, violencia, estatus y de las acciones que alimentan a esos deseos. Nos ofrece una forma de vida diferente. Jesús nos alienta a que dejemos morir a esas viejas costumbres, para que podamos vivir con mayor libertad, aun cuando no seamos físicamente libres.

Una cita para reflexionar

Las hojas no caen, se dejan llevar,
buscando un lugar para
que crezcan las semillas.
Cada tiempo produce un cambio;
cada semilla contiene un árbol; morir y
vivir es el estribillo de la vida.

—Carrie Newcomer y Michael Maines[33]

Una pregunta para plantearse

¿Qué necesitas soltar o dejar morir en ti, las viejas heridas, los
rencores, los celos, la ira, la desesperanza, para permitir que el
amor de Dios crezca más plenamente en ti?

Oración

Dios bondadoso, sé que para tener vida, deben morir partes de
mí a las que me he aferrado durante muchos años. Ayúdame
a abandonar el modo de vida que me ha llevado a este lugar.
Te ruego que crees en mí un espíritu que reciba de buen grado
todas las posibilidades de una nueva vida enraizada en Cristo.
Abre mis ojos para ver el amor de Cristo a mi alrededor, incluso
detrás de estas rejas, y dame el coraje de dejar morir las cosas
en mi vida que me impiden tener una relación más estrecha
contigo. Concédeme un corazón abierto para plantar en este
lugar las semillas de esperanza y de una nueva vida. En
nombre de Jesús. Amén.

PASCUA 2: TUMBAS VACÍAS Y CORAZONES ABIERTOS

Oración mantra

Dios bondadoso, lléname de la paz de saber que siempre
estás conmigo.

Escrituras: Mateo 28:1-10

Pasado el sábado, al amanecer del primer día de la semana, fueron María Magdalena y la otra María a ver el sepulcro. De pronto hubo un gran terremoto, porque un ángel del Señor descendió del cielo y, acercándose, removió la piedra y se sentó sobre ella. Su aspecto era como un relámpago, y su vestido blanco como la nieve. De miedo de él, los guardas temblaron y se quedaron como muertos. Pero el ángel dijo a las mujeres: "No temáis vosotras, porque yo sé que buscáis a Jesús, el que fue crucificado. No está aquí, pues ha resucitado, como dijo. Venid, ved el lugar donde fue puesto el Señor. E id pronto y decid a sus discípulos que ha resucitado de los muertos y va delante de vosotros a Galilea; allí lo veréis. Ya os lo he dicho". Entonces ellas, saliendo del sepulcro con temor y gran gozo, fueron corriendo a dar las nuevas a sus discípulos. Jesús les salió al encuentro, diciendo: "¡Salve!" Y ellas, acercándose, abrazaron sus pies y lo adoraron. Entonces Jesús les dijo: "No temáis; id, dad las nuevas a mis hermanos, para que vayan a Galilea, y allí me verán".

Reflexión

Las dos Marías de esta historia, "María Magdalena y la otra María", llegan al sepulcro y el cuerpo de Jesús ha desaparecido. No saben qué pensar. Encuentran a un ángel sentado sobre la piedra que había cerrado la entrada del sepulcro, que les dice que todo está bien, que Jesús ha resucitado de entre los muertos y que se reunirá con ellos en Galilea. Hasta ese momento, las Marías y todos los seguidores de Jesús debían de estar conmovidos tras verle ejecutado por el gobierno romano.

Imagina la desesperanza que habrán sentido. Lo habían seguido durante tres años, viendo cómo se enfrentaba a los opresores de sus comunidades y cómo recibía a todos, con independencia de su situación económica, de su procedencia y del tipo de trabajo que realizara. Los había amado y bienvenido a todos, pero ahora se había ido. Les había dicho que regresaría después de tres días, ¿pero acaso creían realmente que tal cosa sucedería? Este pasaje nos muestra su asombro y alegría al darse cuenta de que Jesús había cumplido su promesa. Todavía estaba con ellos, y siempre lo estaría.

Estar encerrados, lejos de la familia, los amigos y la comunidad, puede hacernos sentir solos y abandonados. Sin embargo, en estos lugares solitarios y quebrantados, Jesús viene a nosotros. La tumba no retuvo a Jesús en su interior, y los muros de esta institución no lo mantendrán afuera. Llegó aquí mucho antes que los demás y se quedará mucho después de que todos se vayan a casa. Camina con él por estos pasillos, siéntate con él en estas celdas, y recibe la esperanza que te ofrece de una vida no limitada por la muerte o las puertas de acero, sino por el amor que es más grande que ellas.

Una cita para reflexionar
La buena noticia de la resurrección de Jesús no es que moriremos e iremos a su casa, sino que ha resucitado y vuelve a casa con nosotros, trayendo consigo a todos sus hermanos y hermanas hambrientos, desnudos, sedientos, enfermos y prisioneros. —Clarence Jordan[34]

Una pregunta para plantearse
¿Dónde te ha sorprendido Jesús con la esperanza en tus actuales circunstancias y cómo ayudas a otros a encontrar la esperanza en sus vidas?

Oración
Dios de la alegría y las sorpresas, llena mi corazón de esperanza porque es difícil tenerla en un lugar como éste. Que no sienta temor de lo que me espera, sino que confíe en que siempre estás conmigo. Llévate mis ansiedades y mi miedo

para que pueda verte más claramente y encontrarte donde me esperas. Guíame cada día al camino que lleva siempre hacia ti. En nombre de Jesús. Amén.

Cántico
Si dejas tú que Dios te guíe

> Si dejas tú que Dios te guíe,
> confiando solamente en él,
> en tus angustias y conflictos
> tendrás su ayuda grande y fiel.
> El inmutable amor de Dios
> roca eterna y firme es.
>
> Georg Neumark, 1621–1681

PASCUA 3: SIN DUDA TODOS TENEMOS HERIDAS

Oración mantra
Sanadme, manos de Jesús, para que vuelva a sentirme pleno.

Escrituras: Juan 20:24-29
Pero Tomás, uno de los doce, llamado Dídimo, no estaba con ellos cuando Jesús se presentó. Le dijeron, pues, los otros discípulos: "¡Hemos visto al Señor!". Él les dijo: "Si no veo en sus manos la señal de los clavos y meto mi dedo en el lugar de los clavos, y meto mi mano en su costado, no creeré". Ocho días después estaban otra vez sus discípulos dentro, y con ellos Tomás. Llegó Jesús, estando las puertas cerradas, se puso en medio y les dijo: "¡Paz a vosotros!". Luego dijo a Tomás: "Pon aquí tu dedo y mira mis manos; Acerca tu mano y métela en mi costado; y no seas incrédulo, sino creyente". Entonces Tomás respondió y le

dijo: "¡Señor mío y Dios mío!" Jesús le dijo: "Porque me has visto, Tomás, creíste; bienaventurados los que no vieron y creyeron".

Reflexión

Cuando Jesús regresó a sus discípulos después de la resurrección, las heridas de los clavos en las manos y los pies y de la lanza en el costado seguían abiertas y visibles. Llevaba consigo las heridas de esa experiencia, tal como nosotros llevamos las heridas invisibles de nuestras experiencias. Tomás necesitaba pruebas de que Jesús era real. Necesita tocar las heridas para creer que era el mismo hombre que había visto morir en la cruz unos pocos días antes.

En este pasaje del Evangelio de Juan aprendemos que, aun cuando Dios transforma nuestras vidas, eso no significa que todo lo de nuestras viejas vidas quedará atrás. Jesús nos enseña que el proceso de sanación no comienza hasta que nuestras heridas han sido vistas, sentidas y reconocidas. Es Jesús el que nos ayuda a sanar nuestras heridas, donde sea que se encuentren.

Jesús invita a Tomás, y a nosotros, a acudir a él con nuestras dudas y temores, nuestras heridas y desengaños, y a ser sanados por su amor hacia nosotros.

Una cita para reflexionar

La sanación empieza donde se produjo la herida. —Alice Walker[35]

Una pregunta para plantearse

¿Qué heridas siguen abiertas en tu corazón, mente o alma, y cómo podrías permitir que Jesús las sane?

Oración

Dios del amor, dame el coraje de Tomás para buscar tu presencia en las heridas que aún llevo en mi cuerpo, mente y espíritu. He sido herido y dañado en mi vida, y he herido y dañado a otros. Concédeme tu misericordia mientras intento sanar lo que se ha quebrado en mí, en mi familia y en mi comunidad. Así como te presentaste a tus discípulos con tus heridas aún abiertas, yo me presento ante ti, exponiendo los restos de mi pasado, y buscando el poder sanador de tu amor y la promesa de una nueva vida en ti. Oro en nombre de Jesús. Amén.

Cántico
Heme aquí, Jesús bendito

> Heme aquí, Jesús bendito,
> agobiado vengo a ti,
> y en mis males necesito
> que te apiades tú de mí.
> Ya no puedo con la carga
> que me oprime sin cesar;
> es mi vida tan amarga,
> tan intenso mi pesar.
>
> Por auxilio clamo en vano
> aunque lo busqué doquier;
> Ni el amigo, ni el hermano
> me han podido socorrer.
> Pero tú, Jesús, me invitas
> con cordial solicitud,
> tú me libras de mis cuitas
> y me ofreces la salud.
> Juan Bautista Cabrera

PASCUA 4: VIVIR CON AGRADECIMIENTO

Oración mantra
Abre mi corazón al partir el pan.

Escrituras: Marcos 14:22-24
Mientras comían, Jesús tomó pan, lo bendijo, lo partió y les dio, diciendo: "Tomad, esto es mi cuerpo". Después tomó la copa y, habiendo dado gracias, les dio y bebieron de ella todos. Y les dijo: "Esta es mi sangre del nuevo pacto que por muchos es derramada".

Reflexión
La noche previa a su ejecución Jesús tomó su última cena con sus amigos. Esto se llama con frecuencia "la Última Cena". Partió el pan y vertió el vino y lo compartió con todos ellos. Les pidió que hicieran lo mismo juntos después de su partida, para recordar así su vida, muerte y resurrección. Jesús sabía que la vida sería difícil para sus amigos después de su muerte. Sabía que se les faltaría el respeto y que serían intimidados y aun asesinados por creer en él. Por eso, en esta última noche con ellos, se entregó a ellos en la forma de pan y vino, asegurándoles que cada vez que partieran el pan de esta manera juntos, su presencia, su gracia, su amor, su perdón y su misericordia estarían con ellos. Esto sigue siendo verdad hoy.

Todos los domingos, millones de cristianos alrededor del mundo se reúnen en las iglesias para compartir el pan y el vino alrededor de una mesa (o altar), como lo hacían los primeros seguidores de Jesús. Esta comida tiene diferentes nombres en las diferentes tradiciones: Eucaristía, Santa Comunión, la Cena del Señor, Partir el Pan. Damos las gracias por todas las bendiciones de nuestras vidas. Oramos por la paz y la sanación de la iglesia, el mundo, nuestras comunidades y nuestras familias.

Confesamos ante Dios y ante los demás las cosas que hemos hecho, y las que dejamos de hacer, que nos han dañado a nosotros mismos y a los demás. Aceptamos el pan y el vino como un regalo de nuestro Dios de amor: El regalo de la presencia actual de Jesús con nosotros. Una invitación a un futuro transformado.

Lucas 24 nos dice que después de la resurrección de Jesús, se unió a dos viajeros que se dirigían a la villa de Emaús. Aunque ellos conocían bien a Jesús, no reconocieron que fuera él quien recorría con ellos ese camino. Después de todo, Jesús acababa de ser ejecutado y sepultado. Pero cuando llegó la noche lo vieron partir el pan en la mesa con ellos, y le oyeron bendecirlo como lo había hecho antes. Sus ojos se abrieron y reconocieron a Jesús en esa comida compartida.

En la prisión es infrecuente que se ofrezca la Santa Comunión de la misma manera en que se da en las iglesias. Pero la Biblia está llena de historias de comidas en las que lo común se convirtió en sagrado: Está el milagro del maná en el desierto, y el de alimentar a miles con unos pocos panes y peces. Hay parábolas sobre banquetes con pobres y marginados, y sobre un padre que organiza un banquete para un hijo descarriado. Y hay momentos de extraordinaria conciencia de la presencia de Cristo, como aquella cena con los viajeros en Emaús. De la misma manera, aun con más razón en la prisión, ya sea en el servicio de la Sagrada Comunión o al compartir una comida común en el comedor, allí donde dos o tres se reúnen en el nombre de Jesús, Él está presente.

Una cita para reflexionar

Quiero que la santidad de la Eucaristía se vierta más allá de los muros de la iglesia y de las manos de los sacerdotes y que llegue a las calles y aceras normales, a las manos de gente normal y sucia como tú y yo, a nuestras mesas, en nuestras cocinas y comedores y patios. –Shauna Niequist[36]

Una pregunta para plantearse

¿Dónde has visto a Jesús partiendo el pan y santificando lo común, aquí en este lugar?

Oración

Dios santo, llévame a la mesa que has puesto para toda tu creación. Llévame con todos tus hijos de cualquier raza, nación, idioma e identidad para compartir el pan y el vino que Jesús compartió con sus primeros discípulos. Abre mi corazón al partir el pan, para que no me engañen las falsas divisiones creadas en este lugar y así reconocer tu imagen en los rostros de todos. Oro en nombre de Jesús. Amén.

Cántico

Gusten y vean

> Gusten y vean, gusten y vean qué bueno es el Señor.
> Oh, gusten y vean, gusten y vean
> qué bueno es el Señor, el Señor.
>
> Bendigo al Señor en todo momento.
> Su alabanza está siempre en mi boca.
> Mi alma se gloría en el Señor;
> los humildes se alegran al escucharlo.

Salmo 34, James E. Moore Jr.; trad. Ronald F. Krisman

© 1983, 2005 GIA Publications, Inc.[37]

PAN PARA LOS HAMBRIENTOS: PENTECOSTÉS

DÍA DE PENTECOSTÉS: EL PRIMER SERMÓN DE LA IGLESIA

Oración mantra

El Fuego Sagrado ha derramado poder sobre nosotros, y Dios se revela en la diversidad. Ven, Espíritu Santo.

Escrituras: Hechos 2:1-6, 13, 14, 22b-24, 32-33, 36-39, 41

Cuando llegó el día de Pentecostés, estaban todos unánimes juntos. De repente vino del cielo un estruendo como de un viento recio que soplaba, el cual llenó toda la casa donde estaban; y se les aparecieron lenguas repartidas, como de fuego, asentándose sobre cada uno de ellos. Todos fueron llenos del Espíritu Santo y comenzaron a hablar en otras lenguas, según el Espíritu les daba que hablaran. Vivían entonces en Jerusalén judíos piadosos, de todas las naciones bajo el cielo. Al oír este estruendo, se juntó la multitud; y estaban confusos, porque cada uno los oía hablar en su propia lengua. Estaban todos atónitos y perplejos, diciéndose unos a otros: "¿Qué quiere decir esto?" Entonces Pedro, poniéndose en pie con los once, alzó la voz y les habló diciendo: "Judíos y todos los que habitáis en Jerusalén, esto os sea notorio, y oíd mis palabras, Jesús nazareno, varón aprobado por Dios entre vosotros con las maravillas, prodigios y señales que Dios hizo entre vosotros por medio de él, como vosotros mismos sabéis a éste, entregado por el determinado consejo y anticipado conocimiento de Dios, prendisteis y matasteis por manos de inicuos, crucificándolo. Y Dios lo levantó, sueltos los dolores de la muerte, por cuanto era imposible que fuera retenido por ella. A este Jesús resucitó Dios, y de lo cual todos nosotros somos testigos. Así que, exaltado por la diestra de Dios y habiendo recibido del Padre la promesa del Espíritu

Espíritu Santo, libérame con tu fuego

*Envías tu espíritu, son creados
y renuevas la faz de la tierra.*

—Salmos 104:30

Santo, ha derramado esto que vosotros veis y oís. Sepa, pues, ciertísimamente toda la casa de Israel, que a este Jesús a quien vosotros crucificasteis, Dios lo ha hecho Señor y Cristo". Al oír esto, se compungieron de corazón y dijeron a Pedro y a los otros apóstoles: "Hermanos, ¿qué haremos?" Pedro les dijo: "Arrepentíos y bautícese cada uno de vosotros en el nombre de Jesucristo para perdón de los pecados, y recibiréis el don del Espíritu Santo. Porque para vosotros es la promesa, y para vuestros hijos, y para todos los que están lejos; para cuantos el Señor nuestro Dios llame." Así que, los que recibieron su palabra fueron bautizados, y se añadieron aquel día como tres mil personas.

Reflexión

Pentecostés es sobre el nacimiento de la Iglesia, y el tiempo que sigue al Domingo de Pentecostés es el más largo en el calendario de la Iglesia. El acontecimiento de Pentecostés en la lectura de las Escrituras llega en un momento en que los discípulos están confundidos, temerosos y sin liderazgo. Recientemente vieron que Jesús fue arrestado por las autoridades policiales y ejecutado en público. Si bien volvió a la vida, se fue nuevamente, unas pocas semanas después. No están seguros del destino que les espera si continúan siendo sus seguidores. ¿La cárcel? ¿La muerte? ¿O tal vez algo completamente sorprendente?

La cárcel es un lugar de diversidad e integración forzadas, aunque la política de la prisión a menudo segrega a la gente en pequeños grupos compactos que rara vez interactúan en cualquier nivel. Estar encerrado también nos obliga a estar alrededor de personas de toda experiencia cultural, tal vez por primera vez en nuestras vidas. Esto puede parecer peligroso, pero las escrituras describen un panorama diferente. Tal vez la diversidad, que parece tan problemática mientras se está recluido, es en realidad parte del plan de Dios para ti y toda la iglesia.

En esta lectura del libro de Hechos, a medida que los discípulos se reúnen en comunidad y tratan de pasar desapercibidos, se derrama sobre ellos el Espíritu Santo. Súbitamente este grupo es el centro de atención mientras comienzan a declarar la palabra de Dios en diferentes lenguas. Dios elige intencionalmente la diversidad cultural para comenzar la primera Iglesia.

De repente, Pedro, que menos de dos meses antes había negado ser seguidor de Jesús, se levanta y pronuncia el primer sermón público de la historia de la Iglesia. En este breve sermón se encuentra casi toda la enseñanza del movimiento y mensaje cristianos. Pedro dice: "Este Jesús, a quien sacrificasteis —¡Dios resucitó!". ¡Todos nosotros somos testigos de ello! Así que, exaltado por la diestra de Dios ha derramado el Espíritu Santo esto que vosotros veis y oís". Las palabras de Pedro lo podrían haber enviado a prisión (y eventualmente, lo harán). Pero fortalecido por el Espíritu Santo, Pedro declara con valentía el mensaje del evangelio, que la salvación ha llegado y que no tiene que hacer nada para ganarla. Toda la obra ha sido realizada por Jesús de Nazaret.

Una cita para reflexionar

Donde quiera que los primeros cristianos llegaban a un pueblo la estructura de poder se alteraba e inmediatamente buscaban condenarlos por ser "perturbadores de la paz" y "agitadores externos". Pero siguieron con la convicción de que eran una "colonia del cielo" y tenían que obedecer a Dios en lugar de al hombre. Eran pequeños en número, pero grandes en devociones. —El Rev. Dr. Martin Luther King Jr.[38]

Una pregunta para plantearse

¿Qué nos ayuda a reconocer que el mismo poder que dio origen a la iglesia y lanzó los mayores movimientos sociales en la historia de la humanidad nos está fortaleciendo ahora?

Oración

Espíritu Santo, fluyes a través de las vidas de creyentes todos los días. Nos llenas con tu fuego, nos fortaleces durante tiempos de adversidad y nos reúnes en comunidad. Por todo esto y más, te doy las gracias. Espíritu Santo, somos vasijas en imperfectas circunstancias. Entra en nuestras vidas en este lugar. Dame poder para llevar el mensaje del evangelio en mi camino, mi vida y mi tiempo en este lugar. Oro en nombre de Jesús. Amén.

Cántico
Soplo de Dios

Soplo de Dios viviente
que en el principio cubriste el agua,
Soplo de Dios viviente
que fecundaste la creación:

Ven hoy a nuestras almas,
infúndenos tus dones;
Soplo de Dios viviente,
oh Santo Espíritu del Señor.

Osvaldo Catena © 1979 Editorial Bonum[39]

EL TIEMPO DESPUÉS DE PENTECOSTÉS I: RUPTURA SEPULTADA

Oración mantra

He sido sepultado en mi destrucción y resucitado en la integridad de Dios. Mi dirección está sepultada y mi integridad es sagrada. Mi dirección está sepultada y mi integridad ha resucitado.

Escrituras: Romanos 6:1-11

¿Qué, pues, diremos? ¿Perseveraremos en el pecado para que

la gracia abunde? ¡De ninguna manera! ¡Por qué los que hemos sido redimidos del pecado, seguimos viviendo aún en él? ¿O no sabéis que todos los que hemos sido bautizados en Cristo Jesús, hemos sido bautizados en su muerte? Por eso hemos sido sepultados con él por el bautismo en la muerte, para que, así como Cristo resucitó de entre los muertos por la gloria del Padre, también nosotros caminemos en una vida nueva. Y si hemos sido unidos con Cristo en una muerte como la suya, con seguridad seremos unidos con él en una resurrección como la suya. Sabemos que nuestro viejo hombre fue crucificado juntamente con él, para que el cuerpo del pecado sea destruido, a fin de que no sirvamos más al pecado. Porque, el que ha muerto ha sido justificado del pecado. Y si morimos con Cristo, creemos que también viviremos con él. Sabemos que Cristo, habiendo sido resucitado de entre los muertos, nunca volverá a morir; la muerte no se enseñorea más de él. En cuanto murió, su muerte nos redimió del pecado una vez para siempre; pero en cuanto vive, para Dios vive. Así también vosotros consideraos muertos al pecado, pero vivos para Dios en Cristo Jesús.

Reflexión

En esta lectura de Romanos nos vemos confrontados con el verdadero significado del poder de la gracia. Significa que Jesús bajó a lo más profundo de la muerte. Pero después de su arresto por las fuerzas del orden y su ejecución por el estado, resucitó de entre los muertos. Su resurrección trae consigo ciertas garantías de vida nueva que tú recibistes en el bautismo o lo esperan en la pila bautismal. No importa quién seas, ni lo que hayas hecho o dejado de hacer, en el bautismo recibes un regalo de Dios. Es dado en forma gratuita y no hay que ganárselo.

¿Qué sucede con los patrones de ruptura que parece que vivimos en nuestras vidas? ¿Cómo cambiaremos las cosas que parecen dominarnos y que no nos dejan vías de escape?

En la cita de las escrituras anterior recibimos esta increíble promesa: "Sabiendo esto, que nuestro viejo hombre fue crucificado juntamente con [Jesús], para que el cuerpo del pecado sea destruido, a fin de que no sirvamos más al pecado."

El antiguo hombre se ha ido ¿por qué a veces todavía terminamos en problemas?". El reino de Dios que inició Jesús está aquí, y a la vez todavía no ha llegado plenamente. Existimos en un mundo en el que somos pecadores y santos al mismo tiempo. Esto explica por qué todos somos capaces de increíbles actos de bondad, así como de increíbles actos de ruptura que nos causan dolor a todos. Pero la promesa de la cruz y la resurrección de Jesús es que ya no estaremos esclavizados por el pecado. Hemos sido liberados para amar a nuestro prójimo y para invitar a Cristo a acercarse a nuestros corazones, para que nos ayude a romper estos ciclos en nuestras vidas que no aportan a la vida.

Una cita para reflexionar

Imagina este viejo y cansado mundo cuando el amor es el
    camino, desinteresado, listo para el sacrificio, redentor.
Cuando el amor sea el camino, ningún niño del mundo volverá
    a irse a la cama con hambre.
Cuando el amor sea el camino, dejaremos que la justicia
    y la rectitud desciendan como un poderoso e
    interminable torrente.
Cuando el amor sea el camino, la pobreza será cosa del pasado.
    Cuando el amor sea el camino, la tierra se convertirá en
    un santuario.
Cuando el amor sea el camino, dejaremos nuestras espadas
    y escudos a la vera del río, y no volveremos a estudiar
    la guerra.
Cuando el amor sea el camino, habrá mucho espacio, mucho
    espacio, para todos los hijos de Dios.

—Obispo Michael Curry[40]

Una pregunta para plantearse

¿Cómo has visto a Jesús aparecer para romper tus dificultades y guiarte hacia una mejor forma de vida?

Oración

Jesús, tú eres el que rompe las cadenas, y eres el que has liberado al prisionero. Te pido que me ayudes a reconocer cómo no te estoy sirviendo. Protégeme en tiempos de duda. Muéstrame cómo puedo seguirte más de cerca, para poder así vivir por el bien del mundo. Oro en nombre de Jesús. Amén.

Cántico

Venceremos

> Venceremos, venceremos,
> un día, venceremos.
> Oh, yo lo creo, en mi ser lo creo,
> venceremos ya verán.
> Tradicional

EL TIEMPO DESPUÉS DE PENTECOSTÉS 2: VERDAD RIESGOSA

Oración mantra

Veo a Dios en los ojos de mi prójimo cuando me acerco lo suficiente como para servirlo.

Escrituras: Marcos 12:28-34

Acercándose uno de los escribas, que los había oído discutir y sabía que les había respondido bien, le preguntó: "¿Cuál es el primer mandamiento de todos?" Jesús le respondió: "El primero de todos los mandamientos es: Oye, Israel: el Señor nuestro Dios, el Señor uno es. Y amarás al Señor tu Dios con todo tu corazón, con toda tu alma, con toda tu mente y con todas tus fuerzas". El segundo es semejante: "Amarás a tu prójimo como a ti mismo. No hay otro mandamiento mayor que estos". Y el escriba le dijo: "Bien, Maestro, verdad has dicho, que uno es Dios y no hay otro fuera de él; y amarlo con todo el corazón, con todo el entendimiento, con toda el alma y con todas las fuerzas, y amar al prójimo como a uno mismo, es más que todos los holocaustos y sacrificios". Jesús entonces, viendo que había respondido sabiamente, le dijo: "No estás lejos del reino de Dios". Y ya nadie se atrevía a preguntarle.

Reflexión

¡Regocíjate! ¡Hemos sido liberados! Aun en circunstancias en las que la libertad parece ser un concepto cuestionable. Aun en situaciones en las que incluso la palabra *libertad* nos suena como una burla. Pero la verdad es que hemos sido liberados por los eventos en la cruz. Por medio de Jesús, se nos da acceso a la increíble realidad de que cada día, el reino de Dios está llegando en este mundo.

La libertad interior es tan riesgosa como la exterior.

Cuando el escriba le preguntó a Jesús sobre los mandamientos, pretendía tenderle una trampa. El escriba quería enredar a Jesús en una discusión sobre las leyes de Moisés, destacar las leyes que los fariseos estaban convencidos de que Jesús no seguía. (En los tiempos de Jesús, los fariseos eran un grupo religioso que observaba estrictamente la Ley y las ceremonias judías). Vemos que la idea de amar al prójimo, y nada más, era una idea tan radical entonces como lo es ahora.

Amar es riesgoso en un lugar donde se considera que el amor es una debilidad.

Piénsalo un momento Si empezaras a construir una comunidad basada en este principio del amor al prójimo, ¿podrías resistir la presión de las actuales circunstancias? ¿Es esto un castillo en el aire, un objetivo bonito para aspirar en la vida pero que nunca se alcanzará? ¿O es un modo de vida que podría cambiar de forma radical la atmósfera a nuestro alrededor?

La verdad es riesgosa en un lugar en el que las mentiras son la moneda corriente.

¿O es un modo de vida que podría cambiar de forma radical la atmósfera a nuestro alrededor? No hay cláusulas de exclusión aquí, no hay una cierta categoría de prójimos a los que amar. El amor de Dios se derrama sobre todos, independientemente de su raza, edad, identidad sexual, identidad de género o lo que hayan hecho hasta este momento, e incluso más allá. Esto es lo asombroso acerca del poder del amor de Dios: no tiene límites. Una apasionada relación de amor con Dios es una apasionada relación de amor por los vulnerables de tu comunidad.

Una cita para reflexionar
Ser cristiano significa perdonar lo inexcusable, porque Dios ha perdonado lo inexcusable en usted. —C. S. Lewis[41]

Una pregunta para plantearse
¿Qué estarías arriesgando si intentaras amar al prójimo aquí? ¿Qué estarías arriesgando si no lo hicieras?

Oración
Dios del amor, revélate en mi comunidad. No hay comunidades perfectas, y no todos los prójimos son como yo, pero en ese increíble intercambio entre tu amor y mi servicio a los demás, al construir relaciones, consigo caminar en tu reino. Oro en nombre de Jesús. Amén.

Cántico
Dulce comunión

> Dulce comunión la que gozo ya
> en los brazos de mi Salvador;
> ¡qué gran bendición en su paz me da!
> ¡Oh! yo siento en mí su tierno amor.
> Libre, salvo, del pecado y del temor;
> libre, salvo, en los brazos de mi Salvador.

Elisha F. Hoffman, 1839-1929; trad. Pedro Grado

EL TIEMPO DESPUÉS DE PENTECOSTÉS 3: EL PAN DE CADA DÍA ES IMPORTANTE PARA EL HAMBRIENTO

Oración mantra
Dador de vida y creador, eres mi aliento y la fuerza que me permite seguir adelante. Creador de la vida, tú eres Dios, y puedo sentirte cuando respiro.

Escrituras: Lucas 11:1-4, 9-13
Aconteció que estaba Jesús orando en un lugar y, cuando terminó, uno de sus discípulos le dijo: "Señor, enséñanos a orar, como también Juan enseñó a sus discípulos". Él les dijo: "Cuando oréis, decid:
Padre, santificado sea tu nombre.
Venga tu Reino.
El pan nuestro de cada día, dánoslo hoy.
Perdónanos nuestros pecados,
porque también nosotros perdonamos a todos los que nos deben.
Y no nos metas en tentación…"
"Por eso os digo: Pedid, y se os dará; buscad, y hallaréis; llamad, y se os abrirá, Porque todo aquel que pide, recibe; y

el que busca, halla; y al que llama, se le abrirá. ¿Qué padre de vosotros, si su hijo le pide pescado, en lugar de pescado le dará una serpiente? ¿O si le pide un huevo, le dará un escorpión? Pues si vosotros, siendo malos, sabéis dar buenas dádivas a vuestros hijos, ¿cuánto más vuestro Padre celestial dará el Espíritu Santo a los que se lo pidan?"

Reflexión

¿Cómo oramos? ¿Qué significa que Jesús utilice este ejemplo que llamamos el "Padre Nuestro?" ¿Cuál es el poder detrás de esas palabras? ¿Son sólo estas palabras, o acaso Jesús nos está señalando una verdad mayor? Quizá no sean sólo estas palabras, sino la forma que adoptan. Nombrar quién es Dios: nuestro Creador, en el cielo, en la gloria, en el poder, en un reino mucho más allá de lo que podemos ver, pero un lugar prometido para todos nosotros aquí y ahora, y en un tiempo futuro. El nombre de Dios está por encima de todos los demás, y ese nombre nos ha dado este día, sin que importe dónde estemos o qué hayamos hecho.

No debemos solamente rezar para salir de las dificultades. Mientras lees esto, probablemente tu esté pensando en todo lo que te espera, en los desafíos que parecen apilarse contra ti a propósito para hacerte fracasar. Pero la plegaria nos da fuerzas para hacer lo imposible. Una vez que recibimos ese poder, depende de nosotros empezar a caminar por un sendero que sigue siendo difícil y a veces estrecho.

Hoy es su regalo. Este mismo Dios conoce nuestras luchas, por eso pedimos pan o cualquier cosa que necesitemos, porque este es un Dios que conoce de lucha y de dolor. Este Dios que es Jesús sabe de hambre, de sudor, de traición, del abrazo de una madre, de arresto y de juicio. Pedimos perdón, no porque sea condicional, sino porque vivimos esa gracia y reconocemos lo que ya ha sucedido. Aunque los tiempos de prueba vienen y se van, este mismo Jesús es para siempre. La oración y las peticiones son como llevar las promesas de Dios a sus propios oídos, y así pedirle cuentas por las promesas que nos ha hecho. Es recordarle a Dios las promesas que nos hizo en el bautismo y en los Evangelios. De eso se trata la oración.

Una cita para reflexionar

Con todas las restantes bendiciones que busco en el propiciatorio, siempre oré para que Dios, por su gran misericordia, y en su propio tiempo, me liberara de mi esclavitud. —Frederick Douglass[42]

Una pregunta para plantearse

¿Alguna vez le has preguntado a Jesús cómo le gustaría que ores?

Oración: Padre Nuestro

Padre nuestro que estás en el cielo, santificado sea tu nombre. Venga tu reino. Hágase tu voluntad en la tierra como en el cielo, así en la tierra como en el cielo; Perdona nuestras ofensas como también nosotros perdonamos a los que nos ofenden. Y no nos dejes caer en la tentación; más, líbranos del mal. Porque tuyo es el reino, el poder y la gloria, por los siglos de los siglos. Amén.

Cántico

Ayúdanos, oh Dios

> Ayúdanos, oh Dios, concédenos tu paz.
> Ayúdanos, oh Dios, concédenos tu paz.
> Ayúdanos, oh Dios, concédenos tu paz.
> Ayúdanos, oh Dios, concédenos tu paz.
>
> Oh, help us, save us, grant us peace, O God.
> Ayúdanos, help us, grant us peace, O God.
> Ayúdanos, oh Dios, concédenos tu paz.

Mark A. Miller © 2016, admin. Augsburg Fortress[43]

EL TIEMPO DESPUÉS DE PENTECOSTÉS 4: ENCONTRAR LA PAZ EN UN MUNDO AGITADO

Oración mantra
Los imperios surgen y los imperios caen, pero Jesús siempre está en medio. Soy bienvenido.

Escrituras: Lucas 21:10-19
Entonces [Jesús] añadió: "Se levantará nación contra nación y reino contra reino; habrá grandes terremotos y, en diferentes lugares, hambres y pestilencias; y habrá terror y grandes señales del cielo. Pero antes de todas estas cosas os echarán mano, os perseguirán, os entregarán a las sinagogas y a las cárceles, y seréis llevados ante reyes y ante gobernadores por causa de mi nombre. Pero esto os será ocasión para dar testimonio. Proponéos en vuestros corazones no pensar antes cómo habréis de responder en vuestra defensa, porque yo os daré palabra y sabiduría, la cual no podrán resistir ni contradecir todos los que se opongan. Seréis entregados incluso por vuestros padres, hermanos, parientes y amigos; y matarán a algunos de vosotros. Seréis odiados por todos por causa de mi nombre, pero ni un cabello de vuestra cabeza perecerá. Con vuestra paciencia ganaréis vuestras almas".

Reflexión
¿Qué significa que vivamos tiempos de prueba? En el Padre Nuestro le pedimos a Dios "sálvanos del tiempo de prueba". ¿Significa que jamás volveremos a vivir en tiempos de prueba? Bueno, nuestra experiencia en este mundo nos grita "no, eso no es verdad en absoluto". De hecho, mientras recorremos nuestras vidas, es fácil escuchar el ruido y creer que este mundo no es más que tiempos difíciles, promesas rotas y justicia largamente retrasada, o incluso negada. Jesucristo nos advierte que vendrán días en que se sentirá como si el mundo

entero se levantara para destruirse, y formula una promesa audaz: Pero ni en un cabello de vuestra cabeza perecerá. Con vuestra paciencia ganaréis vuestras almas".

El costo de la salvación ya ha sido pagado, por lo que es importante notar que Jesús no nos habla de eso. Se trata, por el contrario, del modo en que nos dirigimos a Jesús y nos encomendamos a su misericordia y a su cuidado en tiempos de gran prueba: así es como ganamos nuestras almas. Nuestras almas están tejidas en un tapiz más grande, que se extiende mucho más allá de las paredes que nos rodean. Estamos entretejidos junto con otros millones de creyentes en todo el mundo. Estamos todos conectados con este poder al que llamamos Jesús. Tú estás conectado con este poder al que llamamos Jesús, y por medio de él podrás superar cualquier prueba. Aunque las naciones se levanten una contra la otra y surjan falsos profetas vendiendo odio como si fuera amor, aun así, los soportaremos y venceremos, por la gracia de Dios.

Una cita para reflexionar
Soy fundamentalmente optimista. No puedo decir si eso viene de la naturaleza o de la crianza. Parte de ser optimista es mantener la cabeza apuntada hacia el sol, los pies avanzando. Hubo muchos momentos oscuros que pusieron a prueba mi fe en la humanidad, pero no quise ni pude entregarme a la desesperación. Por esa senda se llega a la derrota y a la muerte.
—Nelson Mandela[44]

Una pregunta para plantearse
¿Confías realmente en que Jesús puede protegerte, con independencia del estado de tu mundo personal o del que te rodea?

Oración

Dios Liberador, recuérdame que puedo resistir, sin importar las pruebas, el peso de mi situación, o los gobernantes de este mundo; sin importar si todos los funcionarios se interponen en mi camino. Estoy seguro de mi liberación porque te sigo, y has declarado mi libertad. En el nombre del que soportó hasta el final y me liberó, Jesucristo de Nazaret. Amén.

Cántico

Soy feliz, Jesús me salvó.

> Soy feliz, Jesús me salvó.
> Soy feliz, Jesús me salvó.
> Soy feliz, Jesús me salvó.
> Canta Gloria, ¡Aleluya, Jesús me salvó!
> Cuando estuve mal, Jesús me salvo...
>
> Espiritual afroamericano

Ven, Dios de amor y liberador

De igual manera, el Espíritu nos ayuda en nuestra debilidad, pues qué hemos de pedir como conviene, no lo sabemos, pero el Espíritu mismo intercede por nosotros con gemidos indecibles.

—Romanos 8:26

ORAR EN DÍAS ORDINARIOS

ORACIONES PARA SITUACIONES ESPECÍFICAS: BUSCAR A DIOS EN TODAS LAS COSAS

Antes de la sentencia

Dios redentor, no sé lo que me espera. Te pido que los que escuchen mi caso y decidan mi destino consideren todas las pruebas y las sopesen con justicia. Te pido que tengan mentes abiertas y que entiendan que soy mucho más que una lista de acusaciones. Te pido fuerza y paciencia para mí, para mi familia y para todos los que me quieren y me apoyan mientras evaluamos cómo será el futuro. Dios bondadoso, sé que siempre estás conmigo. Ayúdame a sentir tu presencia, sobre todo en este tiempo. Lo pido en el nombre de Jesús. Amén.

Antes del tribunal

Dios de la justicia, una vez más debo presentarme ante un tribunal imperfecto y un juez humano. No puedo depositar en ellos mi esperanza, pero me aferro a la promesa de que tu justicia y tu misericordia prevalecerán. Permite que la rectitud y la paz abracen este día, y traigan justicia a mi causa. Oro en nombre de Jesús. Amén.

Humillación pública

Dios de los humillados y de los oprimidos, fuiste prisionero, atado y expuesto delante de los demás. ¿Sabes cómo es para mí? Lo peor no es la cadena que me ciñe la cintura, ni los grilletes que ligan mis tobillos, ni las esposas que aprietan mis muñecas: no son lo peor. Es la humillación que siento cuando me miran fijamente y luego apartan rápidamente la mirada para evitarme. Temo a los viajes fuera de la protección de la prisión, donde me convierto en una curiosidad y en el blanco de burlas. Acompáñame en estos momentos. Ayúdame a confiar en tu amor y a creer en mi propio valor y dignidad. Lo pido en el nombre de Jesús. Amén.

Reglas humillantes

Dios del orden, Jesús vio a un hombre paralizado, le perdonó sus pecados y luego le dijo que se levantara y caminara. Las autoridades que lo observaban no entendieron su misericordia y se opusieron a ella. Aquí, en la cárcel, se siente como que también estamos paralizados. Tantas reglas para mantenernos sometidos, y siempre las cambian sin previo aviso. No sabemos qué esperar. No sabemos cuándo seremos castigados o menospreciados por razones que no comprendemos. Dame la esperanza y la fortaleza que necesito para soportar la humillación, y ayúdame a levantarme y caminar. Lo pido en el nombre de Jesús. Amén.

Encierro

Jesús de la libertad, algunos de tus propios discípulos, como Pedro y Juan y Pablo y muchos otros seguidores desde entonces, e incluso tú mismo, han sido retenidos en la prisión sin saber lo que pasaba fuera, cuánto tiempo estarían cerradas las puertas, o si alguna vez se abrirían. Pero incluso atrapados en la prisión, los que confiaron en ti encontraron una forma de vivir con esperanza y libertad. Ayúdame a tener esa misma libertad que tú das y que ellos conocieron. Ayúdame a tener esa misma libertad que tú das y que ellos conocieron. Lo pido en tu santo nombre. Amén.

Confinamiento solitario

Oh Dios, has prometido que estarás con nosotros dondequiera que vayamos y que no hay lugar donde podamos huir de tu presencia. Reclamo esa promesa, aquí y ahora. Ayúdame a sentirte conmigo en este encierro solitario. Ayúdame a saber que, mientras sea tuyo, no habrá lugar donde esté fuera de tu alcance. Recuérdame que nunca me dejarás o abandonarás. Dame la fuerza y el coraje para enfrentar este tiempo, y para utilizar la tranquilidad para calmar mi espíritu y centrar mi atención en tu gracia y cuidado. Te lo ruego en el nombre de tu Hijo, Jesucristo. Amén.

Demasiado ruido

Dios de la voz suave y pequeña: Estoy agotado sin control por todo el ruido. Las fichas de dominó martillean sobre las mesas fuera de mi celda. Palmas abiertas estampan cartas de póker con la fuerza de un tornado. Los televisores tartamudean sus ecos a todo volumen contra los muros de hormigón. Las puertas metálicas se golpean desde el primer recuento de la mañana hasta el último de la noche. La estática vibra en las radios. Los gritos se esparcen desde las duchas. Los anuncios retumban desde los altavoces que distorsionan la voz. Las sillas sufren los choques al aterrizar forzosamente. Las alarmas chillan... El ruido implacable me castiga hasta que quiero gritar que hagan un silencio que nunca llega. Querido Dios, en este ruido interminable, concédeme un descanso tranquilo. Lo pido en el nombre de Jesús. Amén.

Traslado a otro establecimiento

Dios en todos los lugares, puedo ser transferido a otra prisión. He aprendido a sobrellevar el lugar en que me encuentro. Sé con qué cuento aquí, quiénes son los guardias, qué puedo y qué no puedo hacer, en quién confiar y en quién no. Me apena decir adiós a los amigos que han sido parte de mi vida aquí. El traslado puede ser bueno, pero me pone nervioso. ¿Quién estará en la celda conmigo? ¿Tendré un trabajo? ¿Podré recibir visitas? ¿Podré llevar mis cosas conmigo? Ya he hecho esto antes; ayúdame a hacerlo de nuevo. Lo pido en el nombre de Jesús. Amén.

Mi reciente regreso a la prisión

Dios clemente y liberador, he tomado malas decisiones. A veces el mundo más allá de estos muros me abruma. No entendía plenamente las reglas que debía seguir mientras estaba en libertad condicional. Reconozco que no estaba preparado para los retos y las barreras que encontré, y ahora me encuentro nuevamente en la prisión. Dios, mi refugio y mi fuerza, te pido un espíritu calmo. Rezo por el deseo y el compromiso para prepararme para la vida fuera de estos muros y para dar ánimos a los demás aquí conmigo. Te ruego que sepas de verdad que este encarcelamiento no significa pérdida de libertad porque en ti, Dios vivo, tengo una libertad que nadie me puede quitar. Sé que por tu gracia y misericordia sanadoras, saldré adelante con la ayuda de Jesús. Amén.

Por mi familia mientras vuelvo a la prisión

Dios que eres nuestra fortaleza, ahora que estoy de nuevo en prisión me preocupo por mi familia. Me apena haberlos decepcionado, y no estar a su lado. Satisface sus necesidades y dales bienestar y protección. Asegúrales la sanación y la plenitud que brindas para superar cada día. Oro en nombre de Jesús. Amén.

Ser padres en la cárcel

Dios enriquecedor, me siento tan impotente y fracasado siendo un padre en prisión. ¿Qué puedo hacer por mis hijos desde aquí? Tanto tiempo en que no estaremos juntos. Somos como extraños, no nos conocemos ni compartimos la vida, ni nos mostramos amor. Perdemos esos días tan especiales. Me enojo por no estar allí, y me pregunto quién estará en mi lugar. ¿Tendré la oportunidad de compensarlo, o de ser perdonado? Estoy orando por esa oportunidad. Lo pido en el nombre de Jesús. Amén.

Preparación para una visita familiar

Dios del amor y la esperanza, estoy agradecido mientras me preparo para una visita familiar. Este entorno no es fácil, incluso en el mejor de los días, de modo que las visitas son importantes y muy apreciadas. Te agradezco Dios por los familiares y amigos que generosamente gastan su tiempo y dinero para visitarme. Su apoyo y amor me dan la determinación y la fortaleza para seguir adelante. Te pido que estén seguros durante su viaje, y que su visita esté colmada de alegría y amor. Oro en nombre de Jesús. Amén.

Soledad

Oh Dios, donde te encuentres: Se siente tan solitario aquí, eso es lo peor para mí. Estoy tan solo, separado, alejado. Mi compañía es la soledad, cada día y cada noche. Espero el correo, me demoro en el teléfono, sueño con una visita, extraño el contacto físico. Hay tanto ruido, tanta gente alrededor, pero estoy totalmente solo. Donde sea que estés, ayúdame a creer que me escuchas, y que no fui olvidado. Quédate conmigo, Dios. Lo pido en el nombre de Jesús. Amén.

Totalmente solo

Jesús, que preparas un hogar: Dijiste que los zorros tienen guaridas y las aves del cielo tienen nidos, pero que tú no tenías un lugar propio, así que creo que entiendes lo que me sucede. No recibo visitas ni cartas. No tengo a nadie a quien llamar, ni adónde ir cuando salga de la prisión. Sobre todo, me siento vacío y no querido. Sé que cometí errores, y que hice que la gente se alejara de mí. Pero, por favor, no me abandones. Ayúdame a encontrar mi lugar y muéstrame adónde pertenezco. Lo pido en tu santo nombre. Amén.

Echar de menos a la naturaleza

Dios de la creación, la belleza de tu mundo parece estar tan lejos de aquí. En la prisión, hay tan poco del mundo natural. Las estaciones no nos entretienen mucho. Las lilas florecen en primavera y los arces pierden sus hojas en otoño, pero no percibimos su fragancia ni vemos su color. El sol sale y se pone sobre días vividos bajo horizontes de torres de guardias y muros. Imagino canteros de ligustrina y veo cercas de alambre de púas. Ayúdame a estar siempre agradecido por toda la belleza de la naturaleza, aquí donde es tan escasa, y también en el futuro cuando yo sea libre y la naturaleza sea tan obviamente abundante. Lo pido en el nombre de Jesús. Amén.

Decepción

Jesús, me atreví a pensar en un futuro mejor, pero me fue negado. Alimenté mis esperanzas, sólo para verlas derribadas. ¿Cuándo vendrá a mí tu ayuda salvadora? ¿Cuándo prevalecerá tu justicia? Jesús sufriente, a ti también te han negado. Has sido derribado. Has conocido la injusticia. Ven a mí ahora y camina conmigo por este oscuro valle. Consuélame en mi decepción, y alienta en mí una esperanza que no será quebrantada. Lo pido en tu santo nombre. Amén.

Ira

Dios de la tormenta y de la calma, revelas tu propia ira ante la injusticia y todo aquello que hace daño, y muestras el camino hacia la paz allí donde hay furia y ofensa. Hay tanta ira en mí y en quienes me rodean. Ayúdame a encontrar el uso adecuado para la ira, y libérame de su poder para esclavizarme o confundirme, para que pueda seguir tus caminos de justicia y misericordia. Lo pido en el nombre de Jesús. Amén.

Depresión

Señor de la esperanza, estoy tan deprimido, sumergido donde ni mi propia sombra se queda a mi lado. No sé adónde ir, ni cómo conseguir ayuda, ni qué hacer. Aquí no tengo en quién confiar. Tengo miedo. Estoy tan cansado de todo esto. Estoy dispuesto a rendirme. ¿Habrá ayuda para mí? Envíame tu ayuda. Levántame de esta pesada niebla. ¿Puedo tener esperanza? Muéstrame un motivo para tener esperanza. No me abandones. Lo pido en el nombre de Jesús. Amén.

Miedo

Dios todopoderoso, hoy tengo miedo. Sólo me siento asustado. A veces ni siquiera sé de qué. Hay muchos motivos: Las peleas y el ridículo. Inspección de las celdas, infracciones, depredadores, ladrones, soplones y estafadores. Guardias a los que no les gusto, malas noticias en el correo, no tener a dónde ir cuando salga. No sé por qué, simplemente estoy asustado. Hazme fuerte y dame el coraje para superar esta situación. Ayúdame. Lo pido en el nombre de Jesús. Amén.

Agresión en la prisión

Dios, mi refugio y mi protector: Ya sabes lo que me está sucediendo aquí, los ataques. Me siento débil y avergonzado. Estoy enojado y triste, y tan atemorizado. Este es un lugar brutal. No puedo escapar de las amenazas, las miradas y el acoso. Soy un blanco que no puede respirar. No tengo dónde esconderme para estar seguro. Dame el coraje para superar esta situación. Protégeme, sálvame de este infierno. Lo pido en el nombre de Jesús. Amén.

Salud mental

Dios del corazón, de la mente y del alma: Me resulta difícil pensar con claridad. Me preocupo, y estoy asustado y enojado. Tengo problemas para dormir. Los medicamentos que me dan me hacen sentir muy mal. Sé que algo está mal en mí. Necesito ayuda, pero temo que si se lo digo a alguien no le importará, o lo usará en mi contra. Ayúdame a saber qué hacer. Cálmame, desenreda esta confusión, ahuyenta mis oscuros pensamientos como expulsaste a los malos espíritus. Lo pido en el nombre de Jesús. Amén.

Pensamientos suicidas

Dios, que me diste la vida: ¿Acaso Judas no se mató cuando pensó que su vida no valía la pena? Yo sé lo que se siente. Muchas veces siento que he tenido demasiado y que ya no puedo más. Siento que no le importo a nadie y que no tengo futuro. ¿Qué sentido tiene vivir así? No quiero vivir, y no quiero morir. Por favor, llévate estos pensamientos. Mantenme seguro. Muéstrame una manera de encontrar algo a lo que valga la pena aferrarse. Lo pido en el nombre de Jesús. Amén.

Problemas de salud

Dios que sanas, has curado a mucha gente con toda clase de enfermedades, no sé, tal vez todavía lo haces. Necesito ayuda. Estoy enfermo, siento dolor y estoy asustado. Es una cosa horrible sentirse mal estando en prisión. La ayuda médica es difícil de obtener, y no es muy buena. Ayúdame a mantenerme fuerte, alivia mi dolor, envíame los cuidados que necesito y ayúdame a estar sano. Lo pido en el nombre de Jesús. Amén.

Cumpleaños en la prisión

Dios del paso de los años, el Salmo 90 dice: "Enséñanos de tal modo a contar nuestros días que traigamos al corazón sabiduría". Los cumpleaños en prisión son difíciles. Los días y los años de mi vida se pasan, y estoy paralizado. El tiempo se malgasta. Cada cumpleaños es un recordatorio de cuánto tiempo he desperdiciado. Ayúdame a valorar cada día de mi vida, para usar bien este tiempo, y todo el que tengo por delante. Guíame más allá de los remordimientos por el tiempo perdido, y ayúdame a encontrar significado y felicidad en cada nuevo día de gracia. Lo pido en el nombre de Jesús. Amén.

Envejecer en la prisión

Dios de los tiempos, no me resulta fácil aceptar la perspectiva de envejecer y aun de que mi vida acabe en la prisión. Me aflige todo lo que podría haber sido, y lo que desearía que fuera mi vida ahora. Me preocupa la mala salud, cómo se debilitará mi cuerpo, y cómo las incomodidades de la prisión se harán cada vez más difíciles. Lamento las esperanzas desvanecidas de otro capítulo de la vida más allá de la prisión. Ayúdame a buscar y hacer la paz, a encontrar la satisfacción y a recibir tu gracia en este momento de mi vida. Lo pido en el nombre de Jesús. Amén.

Morir en la prisión

Dios de los comienzos y de los fines, estoy muriendo. No viviré lo suficiente como para dejar la prisión. Estoy más mucho allá de los lugares de tristeza que he conocido. Tengo miedo y estoy muy solo. Todo lo que puedo esperar es la fuerza suficiente para afrontar lo que me espera, el alivio del dolor, la bondad cerca de mí mientras muero y el perdón de mis pecados. Ten piedad de mí, como Jesús tuvo piedad del ladrón que moría en la cruz junto a él y le prometió: "Hoy estarás conmigo en el Paraíso". Lo pido en el nombre de Jesús. Amén.

Corredor de la muerte

Señor Jesús Cristo, tú sabes por tu propia experiencia lo que es ser arrestado, juzgado y condenado a muerte. Gracias por el ejemplo de coraje que nos das. Está intensamente presente conmigo en el corredor de la muerte. Calma mis miedos y tranquiliza mi temor. Sé mi amigo y mi compañía mientras espero, observo y me preocupo. Así como abriste las puertas del paraíso al ladrón de la cruz junto a la tuya, por favor abre la puerta de la resurrección y la vida en ti cuando llegue el día de mi muerte. Oye mi clamor, Señor, y escucha mi súplica. Lo pido en tu santo nombre. Amén.

Culpa

Dios de la justicia, sabes de la culpa que acarreo. Sabes del dolor que he causado. Sabes del daño que he causado. Conoces la pesadumbre que me acompaña. Y sé también qué es lo que ha traído el juicio sobre mí. Confieso mi pecado, y te pido que guíes mi vida en la dirección en la que Jesús me guía. Lo pido en el nombre de Jesús. Amén.

Por el perdón

Dios misericordioso, he pecado en formas que conozco y que no conozco. He ofendido y dañado a otros, y me he causado problemas. Me arrepiento de lo que hice mal, y de no haber hecho lo correcto. Te pido esto: que perdones mis pecados, que reciba el perdón de aquellos contra quienes he pecado, que me ayudes a perdonar a otros y que me ayudes a perdonarme a mí mismo. Lo pido en el nombre de Jesús. Amén.

Muéstrame el camino

Dios que lo sabes todo, desde tu sabiduría y por tu compasión, muéstrame un camino correcto y santo para vivir. Enséñame a ser paciente y bondadoso, a perdonar y ser generoso, a ser agradecido y veraz. Dame la voluntad, la sabiduría, el coraje y la fe para confiar en ti y seguirte. Lo pido en el nombre de Jesús. Amén.

Alegría

Dios de la vida, este es un buen día. Mi corazón es ligero y me aferro a la esperanza y a las buenas noticias. Soy bendecido en modos que no esperaba, y hay alegría en mi vida, incluso aquí. ¿Es un milagro? Se siente así. Ruego que esta alegría no sea sólo mía. Sea lo que sea lo que viene, dame alegría en tu bondad y misericordia. Lo pido en el nombre de Jesús. Amén.

Dificultad para sentirse agradecido

Dios generoso, aquí puede ser difícil agradecer o sentirse
agradecido. Es muy fácil estar deprimido, compadeciéndome,
sintiéndome engañado por la vida y amargado por estar
encerrado. Así que te pido que me perdones cuando me sienta
así y no pueda ver lo bueno, cuando no note tus bendiciones.
Abre mis ojos y mis oídos, y guía mi atención de modo que
no pueda dejar de apreciar la grandeza de tu amor y de
agradecerte. Lo pido en el nombre de Jesús. Amén.

Acción de Gracias

Dios de la creación, gracias por todos los dones de la creación
y por las bendiciones de la vida que nos das día y noche.
Gracias por lo bueno que has sido, por las misericordias que
me muestras ahora y por la esperanza en el mañana. Así como
bendices mi vida, déjame reflejar tu gracia y tus bendiciones
sobre otros. Lo pido en el nombre de Jesús. Amén.

Oraciones para las comidas

Ven, Señor Jesús, sé nuestro invitado, y haz que *tus/estos*
bienes sean bendecidos. Bendito sea Dios, que es nuestro pan;
que todo el mundo sea vestido y alimentado. Amén.[45]

Bendice, Señor, tus dones para nuestro uso y a nosotros para tu
servicio; por Cristo. Amén.[46]

Dios de la creación, puede ser difícil ser agradecido por las
comidas en la prisión. Echo de menos las comidas con mi familia,
las que me recuerdan los buenos tiempos, las que me deleitan.
Incluso en este lugar, haz que recuerde a aquellos cuyas mesas
están vacías, a los que cultivan nuestros alimentos y a las formas
en que dependemos de los recursos de la tierra. Amén.

Un clamor

Una voz dice: "¡Llora!" Y yo pregunté "¿Por qué debo llorar?"
Llora por los niños que se crían sin padres.
Llora por los errores pasados y por los tratamientos injustos.
Llora por un sentido de pertenencia y por ser amado.
Llora por el perdón y por la reconciliación.
Llora por la comunidad, cuando nos sentimos solos.
Y en medio de nuestros llantos, Dios nos reúne, nos nombra,
y nos ama como propios, sin cansarse jamás. Dios renovará
nuestras fuerzas y nos ayudará a encontrarnos otro día. Amén.

En tiempos de dificultades financieras

Dios de la abundancia, tengo problemas de dinero. Quiero
llamar a mis parientes y amigos, y para eso se necesita dinero.
Necesito elementos de aseo y personales, pero para eso se
necesita dinero. Dios de la gracia, la lista podría hacerse
interminable. Es difícil mantenerse conectado con el mundo
exterior y con la gente que son mi sistema de apoyo cuando me
falta el dinero. Te pido tu guía y una actitud positiva, para no
preocuparme por el dinero ni sentirme resentido cuando no
llegue en el momento en que lo necesito. Te pido una actitud
mental que me lleve a apreciar a los que hacen sacrificios para
ayudarme económicamente. Por favor, ayúdame a ser siempre
consciente de los que están en circunstancias mucho peores
que las mías y que deben prescindir de las necesidades básicas
para vivir. Oro en nombre de Jesús. Amén.

Por la recuperación de adicciones

Dios, danos la gracia de aceptar con serenidad las cosas
que no pueden cambiarse, el valor de cambiar las cosas que
deben cambiarse, y la sabiduría de distinguir lo uno de lo
otro: viviendo un día a la vez, disfrutando un momento a la
vez, aceptando las dificultades como un camino hacia la paz;
tomando, como hizo Jesús, este mundo pecaminoso tal como es,

no como lo querríamos; confiando en que tú arreglarás todas las cosas, si nos rendimos a tu voluntad; para que podamos ser razonablemente felices en esta vida, y supremamente felices contigo para siempre en la próxima. Amén.[47]

Preparación para la salida de la prisión

Creador del universo, estoy agradecido por esta parte de mi viaje, y sé que has estado conmigo en cada paso del camino. Estoy ansioso por lo que vendrá cuando comienzo el siguiente capítulo. Estoy triste de dejar atrás a mucha gente y cosas que significan mucho para mí. Sé que me esperan desafíos y que tengo muchas nuevas cosas que aprender. Te pido que me brindes una mente amplia y un espíritu gentil para que pueda ver en mí la labor de tu Espíritu mientras aprendo a caminar en la nueva vida que me aguarda al otro lado de estos muros. Oro en nombre de Jesús. Amén.

Sin habilidades laborales

Dios de los propósitos, la Biblia dice que es bueno comer y beber y encontrar placer en el trabajo que hacemos en nuestra vida. Será difícil encontrar un trabajo cuando deje la prisión. Soy un delincuente casi sin formación, sin experiencia y con poca educación. ¿Quién me contratará? ¿Cómo me ganaré la vida? Quiero construir una nueva vida y mantenerme lejos del delito, pero no sé por dónde empezar. Rezo para que alguien me dé una oportunidad. Rezo para aprender una habilidad, para poder empezar. Ayúdame a encontrar un trabajo que pueda hacer, y un futuro para disfrutar. Lo pido en el nombre de Jesús. Amén.

Sin techo al salir de la prisión

Dios de nuestro futuro, me voy de la prisión y no tengo adónde ir ni en dónde vivir. Me quedaré sin techo. No hay nadie que me espere. Me asusta la idea de estar en la calle y me angustia estar solo. Tengo miedo de lo que me sucederá. Nos dices de no preocuparnos por el futuro, por la vida, por la comida, o la bebida, o la vestimenta. Nos dices que confiemos en que proveerás nuestras necesidades diarias. Esto es difícil para mí. Por favor cuídame. Ayúdame a mantenerme libre de problemas y a no regresar a la prisión. Ayúdame a prosperar y a forjarme una nueva vida. Lo pido en el nombre de Jesús. Amén.

Al salir de la prisión

Oh Dios, me has llamado a aventuras cuyos finales no puedo ver, por caminos aún no transitados, a través de peligros desconocidos. Dame la fe para salir con buen coraje, sin saber adónde voy pero confiando en que tu mano me guía y tu amor me sostiene; por Jesucristo nuestro Señor. Amén.[48]

Una oración de Patricio (c. 389–461)

Que Cristo esté conmigo, Cristo delante de mí, Cristo detrás de mí,
Cristo dentro de mí, Cristo debajo de mí, Cristo encima de mí,
Cristo a mi derecha, Cristo a mi izquierda,
Cristo donde me acuesto, Cristo donde me siento, Cristo donde me levanto,
Cristo en el corazón de todos los que piensan en mí,
Cristo en la boca de todo el que habla de mí,
Cristo en cada ojo que me ve,
Cristo en todo oído que me escuche;
porque la salvación es de Cristo el Señor.
Que tu salvación, oh Señor, sea siempre con nosotros. Amén.[49]

Una oración de Agustín de Hipona (354–430)

Oh, Dios de amor, alejarse de ti es caer, volverse hacia ti es levantarse, y estar de pie ante ti es permanecer para siempre. Concédenos, querido Dios, tu ayuda en todos nuestros deberes; tu guía en todas nuestras incertidumbres; tu protección en todos nuestros peligros, y tu paz en todas nuestras penas; por Jesucristo nuestro Señor. Amén.[50]

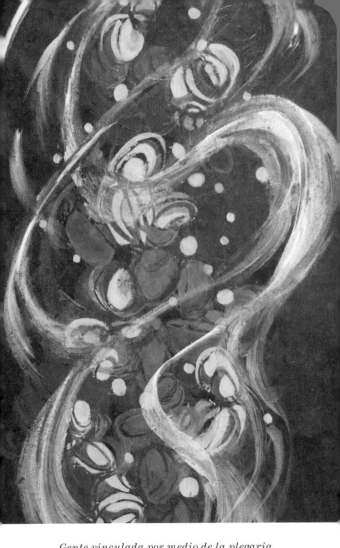

Gente vinculada por medio de la plegaria

*Amados, amémonos unos a otros,
porque el amor es de Dios.*

—1 Juan 4:7

Una oración atribuida a Francisco de Asís (1182-1286)

Conviértenos en instrumentos de tu paz. Que donde haya odio, sembremos amor; donde haya injuria, perdón; donde haya discordia, unión; donde haya duda, fe; donde haya desesperación, esperanza; donde haya oscuridad, luz; donde haya tristeza, alegría. Concédenos que no busquemos tanto ser consolados como consolar; ser comprendidos como entender; ser amados como amar. Porque es al dar que recibimos, es al perdonar que somos perdonados, es al morir que nacemos a la vida eterna. Amén.[51]

ORACIONES PARA OTROS: VER A DIOS EN EL OTRO

Por mi compañero de celda

Dios de la gracia, vivimos en esta celda a pulgadas de distancia, hora tras hora, mes tras mes. Inspírame para ver a mi compañero de celda, _nombre_, como un hijo de Dios creado a tu imagen y amado por ti igual que yo. Cuando la necesitemos, danos paciencia. Cuando nos falte, danos comprensión. Cuando haya una falta, enséñanos a perdonar. En la discordia, danos una resolución justa; en la escasez, generosidad; en la preocupación, aliento; y en la necesidad, apoyo. Lo pido en el nombre de Jesús. Amén.

Por los enemigos

Dios de la reconciliación, Jesús nos enseña a amar a nuestros enemigos, a orar por ellos y a hacer el bien, aun a aquellos que nos dañan. Esta es una enseñanza difícil aquí, donde vemos a muchos como enemigos. Muéstrame, y a todos nosotros en la prisión, el poder de tu amor transformador. Evita los actos de retribución, expulsa la ira destructiva e impide el espíritu de venganza. Danos el coraje de seguirte a dónde nos guías. Lo pido en el nombre de Jesús. Amén.

Por los amigos

Dios entre nosotros, gracias por el regalo de los amigos, los que me han perdonado y amado cuando no se los hice fácil. Gracias por los amigos que están a mi lado y hacen sacrificios por mí, que me muestran apoyo y me dan ánimos. Ayúdame del mismo modo a ser un amigo digno de confianza para otros, preocupándome por su bienestar y siendo merecedor de su confianza. No me dejes explotar a mis amigos. No permitas que deje de mostrarles mi gratitud. Lo pido en el nombre de Jesús. Amén.

Por las pandillas

Dios de la comunidad, muéstranos la forma de vivir juntos como tú quieres, en armonía. Ayúdanos a encontrar nuestro apoyo y aceptación y a comprometernos en relaciones que creen buena voluntad y se preocupen por el bienestar de los demás. Vence al atractivo de las pandillas, donde la violencia se disfraza de seguridad. Frustra sus demandas de acción violenta y desalienta sus esfuerzos de reclutamiento forzado. Haz surgir y alienta las compañías honorables, y fortalece los lazos de gentileza entre todos nosotros en este lugar. Lo pido en el nombre de Jesús. Amén.

Por los otros cristianos

Dios de la esperanza, te agradezco por toda la comunión de los santos, mis hermanos en Cristo cuyo testimonio de tu amor revela el camino de la misericordia de Jesús. Te agradezco por los que me brindan esperanza en tiempos de desánimo, que enseñan la palabra de Dios y que fortalecen mi deseo de vivir una vida de paz y justicia. Libera el mensaje salvador de las buenas nuevas del Evangelio dentro de los muros de esta prisión, y brinda aliento y energía al trabajo de la compasión cristiana entre nosotros. Lo pido en el nombre de Jesús. Amén.

Por las víctimas

Dios de la sanación, concede la recuperación a los que he dañado y ofendido, a sus familias y amigos y a las comunidades y relaciones en las que mis acciones hayan desgarrado vidas. Devuélveles la paz donde se haya derrumbado, concédeles seguridad durante la noche y el día, y alivia los daños que les he causado. Consuélanos a todos con tu gracia, como renuevas a toda tu creación. Lo pido en el nombre de Jesús. Amén.

Por los capellanes y voluntarios

Dios de la gracia, bendice a los capellanes y a los voluntarios que nos visitan, aconsejan y consuelan, haz que encuentren alegría y sentido en su ministerio. Inspira a cada uno de ellos para ser un ejemplo de tu amor, la voz de la gracia, la presencia de la sabiduría y un instrumento de renovación. Mantenlos fieles al Evangelio y hazlos audaces en su proclamación. Asegúrales los buenos frutos de sus empeños, y concédeles la plenitud en su trabajo. Lo pido en el nombre de Jesús. Amén.

Por los agentes penitenciarios y los empleados de la prisión

Dios de todos nosotros, rezo por los que trabajan como oficiales y guardias y por los que administran y trabajan en la prisión día y noche. Dales buen juicio y saludable paciencia, y consérvalos dignos de respeto. Mantenlos vigilantes y seguros, y apóyalos en tiempos de fatiga y estrés. Promueve la consideración mutua entre los prisioneros y los agentes correccionales para fomentar la dignidad y cultivar el valor humano. Cuando sólo podemos ver el uniforme, ayúdanos a ver al individuo que lo viste. Cuando parecen arbitrarios o injustos, ayúdanos a ser tolerantes. Cuando sean crueles, protégenos. Cuando se muestren comprometidos con nuestro cuidado y seguridad, ayúdanos a reconocerlo y a ser agradecidos. Lo pido en el nombre de Jesús. Amén.

Por las fuerzas de seguridad

Dios de la promesa, infunde en mí una mente correcta y un corazón justo hacia la policía y los que trabajan en las fuerzas de seguridad. Cuídalos en su labor y mantenlos seguros de los peligros. Guíalos en su deber, para que puedan proteger con seguridad a la comunidad mientras se comportan correctamente y con honor. Aleja todo prejuicio de sus corazones, apóyalos en todo lo que sea justo, e impide lo que no lo sea. Ayúdalos a tratar a cada persona que encuentren con equidad, respeto y el proceso debido. Lo pido en el nombre de Jesús. Amén.

Por los abogados y jueces

Dios de la justicia, guía en nuestros tribunales a los que definen y administran la justicia, para que puedan ser dignos de la confianza que han recibido. Concede a los abogados y jueces toda la sabiduría, el cuidado en sus deliberaciones, un justo deseo de verdad y la diligencia para servir al bien común. Haz que emitan sus juicios con equidad e imparcialidad hacia cada persona que se presente frente a ellos. No permitas que la conveniencia desplace a la integridad. No dejes que el poderoso tome ventaja del débil. Y en todos los casos, en los que acusan y en los que defienden, en los que juzgan y en los que son juzgados, inspira la humildad hacia la verdad y el respeto por la dignidad de todos. Lo pido en el nombre de Jesús. Amén.

Por la diversidad humana

Oh Dios de todos, que maravillosa diversidad de idiomas y culturas creaste a toda la gente a tu imagen. Libéranos de los prejuicios y temores, haz que podamos ver tu rostro en las caras de toda la gente del mundo, por Jesucristo nuestro Salvador y Señor. Amén.[52]

Por la transformación del racismo

Dios de amor y liberación, tu Hijo, Jesucristo, fue apresado por las fuerzas de seguridad en la noche cuando fue traicionado, tuvo un juicio amañado y fue asesinado en una ejecución sancionada por el estado. Sabemos que todavía hay injusticia en este mundo, y que hay algo en el corazón mismo del actual complejo industrial carcelario que se opone directamente a tu reino. Ayúdanos a confrontarlo, nombrarlo y expulsarlo de nuestra sociedad. Proclamamos que el racismo sistémico es un pecado aborrecible para ti. Proclamamos que el sistema carcelario y el sistema legal son con frecuencia herramientas del mismo racismo sistémico. Recuérdanos que el hecho de que algo sea legal no significa que sea de tu agrado. Invocamos tu poder para transformar los corazones y desmantelar todos los sistemas de opresión, inequidad, injusticia y racismo en nuestro sistema penal. Oramos en el nombre de Jesús. Amén.

Una oración del campo de concentración de Ravensbrück

escrita por un prisionero desconocido y dejada en el cuerpo de un niño muerto.

Señor, recuerda no sólo a los hombres y mujeres de buena voluntad, sino también a los malvados. Pero no recuerdes todo el sufrimiento que nos han causado; recuerda los frutos que hemos cosechado gracias a ese sufrimiento: nuestra camaradería, nuestra lealtad, nuestra humildad, nuestro coraje, nuestra generosidad, la grandeza de corazón con que hemos superado todo esto, y cuando lleguen a tu juicio, permite que los frutos que hemos logrado sean su perdón.[53]

Por las prisiones e instituciones correccionales

Dios de la justicia, por nuestro bien tu Hijo fue condenado como un criminal. Visita nuestras cárceles y prisiones con tu juicio y misericordia. Acuérdate de todos los presos; guía a los culpables al arrepentimiento y a la enmienda según tu voluntad; y dales esperanza para el futuro. Para los que están injustamente detenidos, procúrales defensores que aboguen por su liberación, y danos la sabiduría para mejorar nuestro sistema de justicia. Vela por los que trabajan en estas instituciones; dales fuerza y compasión y evita que se vuelvan brutales o insensibles. Guíanos para hacer por los que están en prisión lo que haríamos por Cristo, en cuyo nombre oramos. Amén.[54]

ORAR ADENTRO CON LOS QUE ESTÁN AFUERA

Los seres humanos están hechos para relacionarse. Sin embargo, cuando la interacción diaria se interrumpe por el encarcelamiento, aún las relaciones más profundas pueden sufrir. Una manera poderosa para combatir ese aislamiento es la oración mutua y compartida. Las oraciones mutuas y compartidas son aquellas en las que oramos al mismo tiempo con nuestros parientes y amigos, aun cuando estemos físicamente separados.

Considera la oración al comenzar el día. ¡Qué significativo sería bendecir a los que amamos con una oración por la mañana! Y qué reconfortante sería saber que ellos nos están bendiciendo con la misma oración en el mismo momento. Orar adentro junto a los que oran afuera nos acerca a ellos en espíritu y nos mantiene en una relación profunda.

Recomendamos que coordines con tus seres queridos rezar cada día una o varias de estas oraciones cada uno por el otro. Las oraciones al inicio y al final de cada día pueden ser las más fáciles para comenzar. En cuanto te levantes, recita tu oración. Cuando vayas a la cama, recita tu oración. Son intencionalmente breves para que puedan ser memorizadas. Desde este comienzo se podrán agregar otras instancias de oraciones mutuas. Con el tiempo, esta práctica te recordará, en los buenos y en los malos momentos, que ni tú ni tus seres queridos están nunca separados del amor de Dios. También te ayudará a sentir más intensamente cómo el amor de Dios los conecta, aun cuando están separados. Que Dios te bendiga a ti, y a los que amas, a través de la oración mutua y compartida.

Oración al comenzar el día

Oh Estrella Matutina, hoy nuevamente _nombre/s_ se despiertan lejos de mí. Envuélvelos _con_ tu amor y _recuérdales_ también de mi amor. Besa _sus_ frentes, cuida _sus_ corazones, y fortalece _sus_ espaldas para las labores del día. Amén.

Para los padres e hijos.

Querido Dios, extraño a mis _hijos/madre/padre/cónyuge_, y me duele no poder _sostenerlos_ y _abrazarlos_. A veces me duele tanto que tengo que _alejarlos_ de mi mente. Pero tú, oh Dios, siempre estás pendiente de _ellos_ Dales _todo lo que ellos_ necesitan este día, salud y alegría y alimento para el día. Que aquellos que v_igilan/trabajan/comparten el día con ellos_ tengan corazones amables y generosos, y que todos, por fin, nos reunamos en tu abrazo amoroso. Amén.

Por los momentos importantes perdidos

Oh Dios, nuestros tiempos están en tus manos. Mira con buenos ojos a mi _hija/hijo/amigo_, _nombre_, _en_ esta ocasión de _su nacimiento/primer paso/cumpleaños/graduación/otro hito_. Me acongoja estar ausente y ruego que _ellos_ siempre conozcan mi amor y mi deseo de ser parte de _su_ vida; por Jesucristo, nuestro Salvador y Señor. Amén.

Ante la pérdida de un ser querido

Señor Jesús, lloraste al escuchar la noticia de la muerte de Lázaro, así que sé que comprendes mi dolor por estar ausente en la muerte de mi _amigo o pariente_. Hay tantas cosas que desearía haber dicho. Ahora pongo estas palabras ante ti, confiando en que *las* tengas para siempre en la palma de tu mano. Consuélame sabiendo que reúnes a todos los fieles en tu presencia. Amén.

Por la familia y amigos

Santo Dios, cuida y fortalece hoy a mi *amigo/progenitor/ cónyuge* que trabaja tanto para que todo marche mientras yo no estoy. *Ellos* son una bendición muy preciada, y te doy las gracias por haberlos *traído* a mi vida. Yo *los* confío a tu cuidado infalible y espero el día en que nos reunamos; por Jesucristo nuestro Señor. Amén.

Antes de una visita familiar

Oh Dios de la paz, tú conoces mi deseo de compensar en una sola visita todo el tiempo que _nombre/s_ y yo hemos estado separados. Conoces mi temor a que fracasemos. Danos tu paz, y evita que yo presione por más que lo que el breve tiempo permite. Que estemos totalmente presentes para ti y el uno para el otro. Bendícenos con todo lo que necesitamos en nuestro tiempo juntos. Amén.

En ocasiones familiares especiales

Oh sagrado dador de consuelo, en este día de alegría y celebración, surgen también sentimientos de decepción y de pena porque _nombre/s_ y yo estamos separados. Te doy las gracias por esta ocasión, y te pido que nos bendigas, nos reconfortes y nos unas en espíritu hasta el día en que podamos celebrarla juntos. Amén.

En tiempos de resentimientos familiares

Oh Dios, estamos llenos de resentimiento y nos apresuramos a culpar a nuestros allegados por nuestros problemas actuales. Habla a nuestras almas en estos tiempos de angustia. Danos el coraje de sufrir lo que nos corresponde, sin cargárselo a otros. Devuélvenos al bondadoso amor mutuo. Amén.

En tiempos de dificultades financieras

Oh Dios de la misericordia, conoces las esperanzas y los deseos de nuestra familia. Conoces nuestra pobreza y nuestros temores. No te alejes de nosotros, y no dejes que fracasen nuestras esperanzas. Escucha nuestro llanto y danos tu alivio en este tiempo de necesidad. Amén.

Al final del día

Oh Dios, esta noche nuevamente, _nombre/s_ *se irán a la* cama muy lejos de mí. Bendícelos *al final del día y dales descanso. Besa sus frentes, cuida sus corazones, y quita de sus espaldas las labores del día. Amén.*

En todo momento

Para repetir en forma silenciosa todo el día:
Señor Jesucristo, Hijo de Dios, ten piedad de tus *servidores*.

Ante la pérdida de seres queridos

Dios de los vivos y de los muertos,

Acudo a ti para lamentar la pérdida de _nombre y/o relación_ y para ofrecer mi adiós a _nombre/s_.

Durante este tiempo doy gracias por *sus* vidas y por lo que *sus* presencias en mi vida significaron para mí.

Silencio para la reflexión

Reconozco que es muy difícil estar separado de mi familia y amigos en este momento. Pero sé que estás conmigo, Dios de amor, y confío en que, con el consuelo del Espíritu Santo, podré atravesar este tiempo de transición.

Silencio para la reflexión

Dios clemente, me arrepiento mucho de las circunstancias que me han separado de _nombre/s_. Estoy muy arrepentido por el daño que _les_ he causado. Hoy estoy agradecido por tu perdón. Por favor, ayúdame a dejar de lado mis remordimientos.

Hay cosas que necesito decirle _nombre/s_, cosas que tal vez nunca haya dicho antes. Las diré en voz alta o en mi corazón y luego las dejaré ir, confiando en que mi intención sea conocida ahora.

Di lo que necesitas decirle a tus seres queridos mientras sostienes una imagen de ellos (una imagen real o mental).

La pérdida de _nombre y relación_ deja un espacio vacío en mi corazón y en mi vida. Oh Dios, te pido que llenes ese vacío con todo lo que compartí con _ellos_ durante su vida.

Oh Dios que alivias el dolor, es difícil llorar aquí. Aquí las lágrimas se perciben como debilidad, pero tengo lágrimas que necesito derramar. Ayúdame, Dios.

Silencio para la reflexión

Dios de amor, gracias por la vida de _nombre y/o relación_ y por todo el amor que _nombre_ me dio.

Dios siempre presente, tu Palabra me dice que hay un tiempo para cada cosa. La vida y la muerte son parte del ciclo sin fin de la creación. La vida de _nombre_ ha llegado a su fin. Por siempre _los_ tendré en mi corazón, y _los_ confiaré a tu eterno cuidado.

Digo adiós y amén.

Orar sin cesar

Pero de día mandará Jehová su misericordia; y de noche su cántico estará conmigo, y mi oración al Dios de mi vida.

—Salmos 42:8

ORAR TODO EL DÍA

Cómo usar esta sección

La oración matutina, la oración vespertina y la oración nocturna son tres maneras de encuadrar tu día en la oración. Se suele llamar a este patrón "rezar las horas". Ha sido hecho durante siglos por cristianos en grupos o a solas. Orar en diversos momentos del día es una práctica compartida por cristianos, judíos y musulmanes.

La oración vespertina y la oración matutina nos recuerdan el pasaje de Cristo por la muerte y la resurrección. Al caer la tarde, miramos la luz de Cristo que dispersa todas las tinieblas. Cuando sale el sol alabamos a Dios por la resurrección de Jesús, y pedimos al Espíritu Santo que nos ayude a seguir a Jesús durante otro día. La oración nocturna nos ofrece un tiempo para reconocer los dones y los fracasos del día, y nos ponemos a nosotros y al mundo entero en manos de Dios mientras nos vamos a dormir.

Aunque estés solo en una celda, te unes a estas oraciones con otros cristianos de todo el mundo, a través del tiempo y de la distancia. También estás orando con los seguidores de Jesús a lo largo de los tiempos. Ahora viven y adoran en la luz de la presencia de Dios, pero durante su vida en la tierra, muchos de ellos rezaban estas mismas oraciones en sus propios idiomas. ¡Qué importancia tiene rezar de esta manera que nos conecta con tantos otros creyentes!

ORACIÓN MATUTINA

Apertura

Este es el día que hizo el Señor; me alegraré y me regocijaré en él.

o bien:

Nos levantamos y comenzamos un nuevo día, sabiendo que tú, oh Dios, estás siempre con nosotros. Abre tus ojos a nuestra presencia.

Salmodia

Puedes leer el Salmo 63:1-8 (a continuación) o uno de tu elección tomado de la sección "Salmos seleccionados" (página 191).

¹Oh Dios, tú eres mi Dios; ardientemente te busco;
   mi alma tiene sed de ti, mi carne te anhela,
   como tierra seca y árida donde no hay agua.
²¡Oh, que pudiera yo contemplarte en tu santuario!
   ¡Que pudiera ver tu poder y tu gloria!
³Porque mejor es tu gracia que la vida;
   te alabarán mis labios.
⁴Te bendeciré mientras viva;
   en tu nombre alzaré mis manos.
⁵Mi alma será saciada como de meollo y grosura,
   y con labios de júbilo te alabará mi boca,
⁶cuando me acuerde de ti en mi lecho,
   cuando medite en ti en las vigilias de la noche;
⁷porque tú has sido mi socorro;
   y a la sombra de tus alas me regocijaré.
⁸Mi alma está apegada a ti;
   tu diestra me sostiene.

Cántico

*Puedes cantar o rezar una canción de tu elección tomada
de la sección "Himnos y cánticos" (Página 215).*

Palabra

*Puedes seleccionar un pasaje de las escrituras en la
sección "orar a lo largo del año" de este libro, o de las
"Sugerencias temáticas para las escrituras" al final de
este libro (página 209).*

Cántico Evangélico: Lucas 1:68-79

Bendito sea el Señor, Dios de Israel
porque ha visitado y redimido a su pueblo,
suscitándonos una fuerza de salvación
en la casa de David su siervo,
según lo había dicho desde antiguo
por la boca de sus santos profetas.
Es la salvación que nos libra de nuestros enemigos
    y de la mano de todos los que nos odian;
    realizando la misericordia que tuvo con nuestros padres,
    recordando su santa alianza
    y el juramento que juró a nuestro padre Abraham.
Para concedernos que, libres de temor,
    arrancados de la mano de los enemigos,
    le sirvamos con santidad y justicia,
    en su presencia, todos nuestros días.
Y a ti, niño, te llamarán profeta del Altísimo,
porque irás delante del Señor a preparar sus caminos,
anunciando a su pueblo la salvación,
el perdón de sus pecados.
Por la entrañable misericordia de nuestro Dios,
nos visitará el sol que nace de lo alto,
para iluminar a los que viven en tinieblas y en sombra de muerte,
para guiar nuestros pasos por el camino de la paz.

Oraciones

A continuación, encontrarás varias oraciones que te pueden ayudar al comienzo de cada día.

Te damos gracias, Padre celestial, por Jesucristo tu amado Hijo. Tú nos has protegido durante la noche de todo mal y peligro. Te rogamos que nos preserves y guardes también en este día de todo pecado y del mal, para que en todos nuestros pensamientos, palabras y obras te podamos servir y agradar. En tus manos nos encomendamos nuestros cuerpos, nuestras almas y todo lo que es nuestro. Concede que tus ángeles nos cuiden a fin de que el mal no tenga poder sobre nosotros. Amén.[55]

Eterno Dios, hoy mi corazón está lleno de temor. Las sombras parecen empañar cada hora. El camino por delante aparece colmado de problemas y de amenazas. Libérame de las preocupaciones sin sustento y protégeme de los peligros reales. Enséñame a confiar en tu amor inagotable. Permíteme caminar con confianza y fortaleza como tu hijo por la fe, siguiendo a Jesucristo, mi Salvador y Señor. Amén.

Dios eterno, camina conmigo en este día, porque los problemas que enfrento son complejos. El mejor curso de acción no siempre se verá con claridad; a veces es difícil determinar qué es lo correcto y las luchas a las que me enfrento son difíciles. Asegúrame tu amor clemente y tu constante cuidado, para que pueda afrontar cada día con la confianza de que nunca me abandonarás. Escúchame ahora, te lo suplico, por Jesucristo mi Salvador. Amén.

Se puede rezar el Padre Nuestro, impreso en la página 240.

Bendición

Mientras continúas con tu día, haz la señal de la cruz en su frente con agua mientras dices las siguientes

palabras. Mientras lo haces, se te recuerda que, a través
del bautismo, Dios te ama.

Todopoderoso Dios, el Padre, + el Hijo y el Espíritu Santo,
bendíceme y presérvame. Amén.

ORACIÓN VESPERTINA

Apertura
Jesucristo es la luz del mundo, la luz a la que ninguna tiniebla
puede vencer.

Salmodia
Lee el Salmo 121 (a continuación) o uno de tu elección
tomado de la sección "Salmos seleccionados" (página 191).

¹Levanto mis ojos a los montes;
      ¿de dónde vendrá mi socorro?
²Mi socorro viene del Señor,
      que hizo los cielos y la tierra.
³No permitirá que resbale tu pie,
      ni se dormirá el que te guarda.
⁴He aquí, el que guarda a Israel
      no se adormecerá ni dormirá.
⁵El Señor es tu guardián,
      el Señor es tu sombra a tu diestra.
⁶El sol no te hará daño de día,
      ni la luna de noche.
⁷El Señor te guardará de todo mal;
      él guardará tu vida.
⁸El Señor guardará tu salida y tu entrada,
      desde ahora y para siempre.

Cántico

Canta o reza una canción de tu elección tomada de la sección "Himnos y cánticos" (Página 215).

Palabra

Se pueden leer uno o más pasajes de las Escrituras, seguidos por un silencio para la reflexión. La reflexión puede concluir con lo siguiente:

> Jesús dijo: "Yo soy la luz del mundo;
> El que me sigue no andará en tinieblas".

Cántico Evangélico: Lucas 1:46-55

Se puede orar el cántico de los Evangelios vespertino, el cántico de María.

Proclama mi alma la grandeza del Señor,
    se alegra mi espíritu en Dios, mi Salvador,
    porque ha mirado la humildad de su esclava.
Desde ahora me felicitarán todas las generaciones,
    porque el Poderoso ha hecho obras grandes por mí;
    su nombre es santo
    y su misericordia llega a sus fieles,
    de generación en generación.
El hace proezas con su brazo:
    dispersa a los soberbios de corazón,
    derriba del trono a los poderosos,
    enaltece a los humildes,
    a los hambrientos los colma de bienes
    y a los ricos los despide vacíos.
Auxilia a Israel, su siervo,
    acordándose de la misericordia
    como lo había prometido a nuestros padres
    en favor de Abraham y su descendencia por siempre.

Oraciones

En paz te ruego, Señor. Te agradezco las bendiciones de este día y te pido tu fortaleza para que me guíes en los momentos difíciles, y traigo ante ti el mundo que tanto amas.

En especial estoy orando

    por la paz desde lo alto y por nuestra salvación...

    por la paz del mundo entero...

    por la paz entre las naciones...

    por la paz entre los compañeros de celda y otros que están encarcelados...

    por la paz de mi propia alma...

Se pueden agregar otras plegarias.

Te ruego, Señor, por otros en mi vida. Que el amor que has revelado en Jesucristo los conforte, los renueve y los fortalezca.

En especial estoy orando

    por los que trabajan como servidores públicos, por el gobierno y por los llamados a protegernos...

    por el presidente de los Estados Unidos y todos los que lideran...

    por los que trabajan como oficiales penitenciarios...

    por los que están encarcelados conmigo...

    por los que trabajan para procurar paz, justicia, sanación y protección en este y en todos los lugares...

    por los amigos y familiares cercanos y lejanos que me apoyan...

Se pueden agregar otras plegarias.

Te ruego, Señor, por todos los que tienen necesidades. Así como cuidas de todos tus hijos, ayúdame a ser un instrumento de tu paz, justicia y sanación.

En especial estoy orando

> por la salvación en tiempos de aflicción, peligro y
> necesidad...
>
> por aquellos que han sido heridos por mis acciones o que
> me han herido...
>
> por los que están enfermos o sufren...
>
> por los que están en prisión o cautivos...
>
> y por todos los que esperan la grande y abundante
> misericordia del Señor...

*Se pueden agregar otras intercesiones. Se puede intercalar
un tiempo de silencio, y luego concluir tu oración con lo
siguiente:*

Dando gracias por todos los que nos han precedido y
descansan, gozando de la comunión de los santos, te
encomiendo mi ser y toda mi vida, Señor. Amén.

*Se pueden rezar una o más de las siguientes plegarias u
otras apropiadas.*

Dios, de quien proceden todos los deseos santos, todos los
buenos consejos y todas las obras justas: da a tus siervos
esa paz que el mundo no puede dar, a fin de que nuestros
corazones se inclinen a obedecer tus mandamientos; y que,
defendidos del temor de nuestros enemigos, podamos vivir
en paz tranquilidad; por los méritos de Jesucristo nuestro
Salvador, que vive y reina contigo y con el Espíritu Santo, Dios
por siempre. Amén.[56]

Te agradezco, Padre celestial, a través de Jesucristo tu amado
Hijo, que me has protegido hoy con tu gracia. Te pido que
perdones todos mis pecados, donde me haya equivocado y
que me protejas esta noche con tu gracia. En tus manos me
encomiendo: mi vida, mi alma, y todo lo que es mío.

Que tus santos ángeles me acompañen, para que el malvado enemigo no tenga poder sobre mí. Amén.[57]

Dios de justicia y misericordia, tu Hijo declaró la liberación de los cautivos como un signo del reino de Dios y prometió el paraíso al ladrón arrepentido en la cruz. Concede tu fortaleza y perseverancia a mí y a mi familia y amigos. Muéstranos el poder bondadoso del perdón a través de la muerte y resurrección de tu Hijo, para que podamos apoyarnos mutuamente en este tiempo de separación; y sostennos con la promesa de Jesucristo, por quien todas las cosas son renovadas, y en cuyo nombre rezo. Amén.

Se puede rezar el Padre Nuestro, impreso en la página 240.

Bendición
Se puede hacer la señal de la cruz en conmemoración del regalo del bautismo.

Todopoderoso Dios, el Padre, + el Hijo y el Espíritu Santo, bendíceme y presérvame. Amén.

ORACIÓN NOCTURNA

Apertura

Dios todopoderoso, concédeme una noche tranquila y descanso y paz al fin. Amén.

Durante el día, oh Dios, concedes tu amor constante, y durante la noche tu canto me acompaña, una oración al Dios de mi vida.

Himno nocturno

Loor a ti, mi Dios, en esta noche

> Loor a ti, mi Dios, en esta noche
> por todas tus bondades de este día.
> Oh, guárdame, y que tus potentes alas
> sean por siempre la defensa mía.

Confesión

Santo Dios de gracia
Confieso que he pecado contra ti en este día.
Mi pecado lo conozco en parte
—los pensamientos, palabras y obras que me avergüenzan—
mas otra parte es sólo conocida a ti.
En el nombre de Jesucristo pido perdón.
Líbrame y restáurame
a fin de que pueda descansar en paz.

Silencio para examen de conciencia.

Por la misericordia de Dios hemos sido unidos a Jesucristo
y en él somos perdonados.
Descansamos ahora en su paz,
y por la mañana nos levantaremos para servirle. Amén.

Salmodia

Se pueden rezar uno o más salmos (tales como 4, 34, 91, 130, 139). Después de cada salmo se observa silencio para meditación.

Palabra

Se lee una o más de las siguientes lecturas breves.

No os angustiéis, pues, diciendo: "¿Qué comeremos, o qué beberemos, o qué vestiremos?" porque los gentiles se angustian por todas estas cosas, pero vuestro Padre celestial sabe que tenéis necesidad de todas ellas. Buscad primeramente el reino de Dios y su justicia, y todas estas cosas os serán añadidas. Así que no os angustiéis por el día de mañana. *(Mateo 6:31-34)*

Venid a mí todos los que estáis trabajados y cargados, y yo os haré descansar. Llevad mi yugo sobre vosotros y aprended de mí, que soy manso y humilde de corazón, y hallaréis descanso para vuestras almas, porque mi yugo es fácil y ligera mi carga. *(Mateo 11:28-30)*

Por lo cual estoy seguro de que ni la muerte ni la vida, ni ángeles ni principados ni potestades, ni lo presente ni lo por venir, ni lo alto ni lo profundo, ni ninguna otra cosa creada nos podrá separar del amor de Dios, que es en Cristo Jesús, Señor nuestro. *(Romanos 8:38-39)*

Humillaos, pues, bajo la poderosa mano de Dios, para que él os exalte a su debido tiempo. Echad toda vuestra ansiedad sobre él, porque él tiene cuidado de vosotros. Sed sobrios y velad, porque vuestro adversario el diablo, como león rugiente, anda alrededor buscando a quien devorar. Resistidlo firmes en la fe. *(1 Pedro 5:6-9a)*

Puede seguir un silencio para la reflexión y la
meditación. El silencio puede concluir con las palabras:
En tus manos, oh Señor, encomiendo mi espíritu.
Tú me has redimido, oh Señor, Dios de verdad.
En tus manos, oh Señor, encomiendo mi espíritu.
Gloria al Padre, al Hijo y al Espíritu Santo.
En tus manos, oh Señor, encomiendo mi espíritu.

Cántico Evangélico: Lucas 2:29-32
Guíanos despiertos, oh Señor, y guárdanos dormidos;
    para que velemos con Cristo y reposemos en paz.
Has cumplido tu palabra, Señor;
    despide ahora a tu siervo en paz.
Con mis propios ojos he visto la salvación
    que has preparado en presencia de todas las naciones,
    como luz para conducirlas,
    y como gloria de tu pueblo Israel.
Guíanos despiertos, oh Señor, y guárdanos dormidos;
    para que velemos con Cristo y reposemos en paz.

Oraciones
Señor, presta atención a mi plegaria; atiende a mis clamores.
Guárdame como a la niña de tus ojos; escóndeme en la sombra
de tus alas. Como justo contemplaré tu rostro; y al despertar
me saciaré de tu semblante.

Se canta o se dice una o más de las siguientes oraciones.

Sé con nosotros, Dios misericordioso, y protégenos durante las
horas de esta noche, a fin de que los que nos sentimos agobiados
por los cambios y las fortunas de la vida, podamos encontrar en
ti nuestro reposo; por Jesucristo nuestro Señor. Amén.

Vigila, querido Señor, a los que trabajan o velan o lloran esta noche, y da a tus ángeles el encargo de cuidar a los que duermen. Atiende a los enfermos, dale reposo a los cansados, bendice a los moribundos, alivia a los que sufren, consuela a los afligidos, protege a los alegres; y todo por tu amor. Amén.[58]

Dios bondadoso, te doy gracias por el día, especialmente por el bien que pude dar y recibir; el día ya ha pasado y te lo encomiendo. A ti te confío la noche; descansaré seguro porque tú eres mi ayuda, y no te adormeces ni te duermes; por Jesucristo, mi Señor. Amén.[59]

Dios todopoderoso, no me dejes hundir en las profundidades de la depresión y la tristeza. Dame un destello de esperanza y concédeme la fortaleza para buscar ayuda. Sabes que vivo con miedo y temor. A veces ni siquiera sé si tendré el coraje de enfrentar el mañana. Rescátame por medio de tu Espíritu. Motívame para buscar ayuda, guía y consuelo de otros para que pueda seguir adelante, con esperanza renovada, confiando en tu misericordia y amor. Escúchame, te lo suplico, por Jesucristo mi Salvador. Amén.

Dios de la paz, las horas son largas, los días son duros, la vida es compleja y los temores y ansiedades son reales. Permíteme que ponga en tus manos el día que ha pasado, el bien que se me permitió hacer, pero también mis preocupaciones y sentimientos de incertidumbre. Mientras inspiro profundamente con gratitud por tu constante misericordia y amor, permíteme dormir en paz, confiando en tu inquebrantable cuidado. Que mi dormir sea una confesión de confianza en tu amor, que has mostrado en Jesucristo mi Salvador. Amén.

Señor,
es de noche.
La noche es para la calma.
Permanezcamos en calma ante la presencia de Dios.
Es la noche después de un largo día.
Lo que fue hecho fue hecho;
lo que no se hizo no se hizo; aceptémoslo.
La noche es oscura.
Que nuestros miedos a la oscuridad del mundo y de nuestras propias vidas descansen en ti.
La noche es silenciosa.
Que la quietud de tu paz nos envuelva a nosotros, a nuestros seres queridos,
y a los que no tienen paz.
La noche anuncia al amanecer.
Que esperemos expectantes un nuevo día, nuevas alegrías, nuevas posibilidades.
Oramos en tu nombre. Amén.[60]

Se puede rezar el Padre Nuestro, impreso en la página 240.

Bendición
Ahora me acostaré y dormiré en paz; sólo tú, oh Dios, me das seguridad. Demos gracias a Dios.

ORAR A LO LARGO DEL DÍA

"Pero de día mandará Jehová su misericordia; y de noche
su cántico estará conmigo, y mi oración al Dios de mi vida".
(Salmos 42:8).

Probablemente el mayor desafío de la Biblia, además del
llamado a amar a nuestros enemigos, sea el consejo de
San Pablo a los primeros cristianos de "orar sin cesar"
(1 Tesalonicenses 5:17). Los cristianos hemos procurado desde
entonces entender cómo hacer eso. La Iglesia como un todo
ciertamente "ora sin cesar" porque alguien, en algún lugar de
la iglesia global, está rezando en cada momento.

Pero tal vez el desafío para nosotros, como cristianos
individuales, es realmente lo que dice: que el poder del Espíritu
Santo nos hace posible acercarnos a Dios en la oración y
confiarle cada momento de nuestras vidas. Imagine un
torrente incansable y constante de amor, misericordia, gracia y
esperanza que fluye hacia cada uno de nosotros. La oración nos
permite conectarnos al poder y la presencia de Dios, el creador
del universo, en cualquier momento del día o de la noche.

¿Cuán diferente sería nuestra vida si viviéramos en esta
verdad cósmica, sin importar las circunstancias? ¿Y cómo
podríamos ajustar el dial de nuestra vida para sintonizarnos
con ese torrente constante de la presencia de Dios?

Las sugerencias que siguen son sólo eso, sugerencias. No hay
fórmulas mágicas para sintonizarse al canal de Dios. Estas son
algunas técnicas que han funcionado para algunos cristianos
a lo largo de los siglos: han superado la prueba del tiempo.
Se ofrecen aquí para despertar su propia imaginación y
creatividad en la oración.

Al comenzar el día

Esta serie de oraciones se puede usar de varias maneras. Podrías rezarlas de una vez, dedicando tiempo a cada etapa. Podrían ser dos o tres minutos por cada etapa para un total de veinte minutos de oración, o diez minutos por etapa para una hora de oración. O podrías usar uno de estos como tu foco de cada mañana, rotándolos en el curso de una semana.

- En primer lugar, ponte en un estado de ánimo de oración con una lectura de la Biblia, escuchando la palabra de invitación y desafío de Dios para este tiempo de oración. Puedes usar las lecturas de este libro. Busca un verso que será tu tema o mantra para el día, algo que puedas recordar a lo largo del día. Medítalo, quizás incluso memorízalo, o escríbelo donde lo veas con frecuencia. O inventa una melodía con él y cántala.

- En segundo lugar, identifica cinco cosas por las que estás agradecido, o cinco dimensiones de una cosa por la que estás agradecido. Alaba a Dios por estos dones.

- En tercer lugar, pide ser guiado en el próximo día, trayendo a la mente las cosas que te preocupan o desafían, tus esperanzas y preocupaciones para el día que tienes por delante. Elévalos todos a Dios en oración.

- En cuarto lugar, nombra ante Dios, una por una, a las personas por las que quieres orar: familiares y amigos, los que necesitan sanación, los que buscan orientación, las personas con las que te va a encontrar este día, las personas que te preocupan o con las que tienes dificultades para tratar. Encomienda a cada uno de ellos al cuidado de Dios para este día.

- En quinto lugar, deja de hablar con Dios y siéntate en silencio durante un tiempo, tratando de escuchar la voz del Espíritu en tu corazón y en tu mente. Escucha las directivas de Dios.

- En sexto lugar, invita a Dios a que te acompañe en la jornada, y pídele al Espíritu Santo que te recuerde la presencia, el poder y la guía de Dios en todo lo que hagas a lo largo del día.

- Termina tu tiempo de oración con la seguridad de que "ciertamente Jehová está en este lugar". (Génesis 28:16).

A lo largo del día

La oración a lo largo de las actividades del día puede ser tan rápida e íntima como la respiración. Anne Lamott dice que la mayoría de nuestras oraciones son sólo "¡Ayuda!", "Gracias" o "¡Oh!"[61] De modo que un rápido, "¡Ayúdame, Jesús!" puede proporcionar fuerza inmediata en cualquier desafío.

El Hermano Lorenzo, un soldado francés del siglo XVII que se hizo monje, buscaba a Dios en todo lo que hacía, en lo que se conoció como "la práctica de la presencia de Dios". Escribió: "Un breve recuerdo de Dios, un acto interior de adoración, aunque sea a la carrera con una espada en la mano, son oraciones que, a pesar de su brevedad, son agradables a Dios y, lejos de hacer perder el coraje a los combatientes en las circunstancias más peligrosas, lo fortalecen".[62] Más tarde, como monje, el hermano Lorenzo descubrió que podía adorar a Dios tanto en su trabajo en la cocina del monasterio como en la capilla.

Escuchar a Dios requiere sensibilidad y paciencia. Con frecuencia Dios habla a través de un verso de la Biblia o algo que leemos en un libro. A veces Dios habla a través de los sueños. Con frecuencia, nos damos cuenta de que el mensaje de Dios nos llega en conversaciones con otros cristianos. A veces, las sutiles indicaciones del Espíritu Santo se aclaran en nuestra mente mientras oramos, llamándonos a acercarnos a un prójimo —o incluso a un enemigo— con sustento y amor, o a actuar en favor de la reparación y la justicia, o a trabajar por el cambio en una institución o sistema.

Escribe un diario espiritual a través de palabras, canciones o dibujos

Para muchos cristianos escribir un diario les ayuda a registrar la frecuencia y el poder con que Dios actúa en nuestras vidas. Puede que no siempre reconozcamos la actuación de Dios mientras estamos en medio de una situación difícil. Pero una vez superado ese tiempo de prueba, al mirar hacia atrás, podemos ver dónde estaba Dios protegiéndonos y guiándonos a través de la tormenta. Escribir un diario de oración, ya sea con palabras, canciones, dibujos o incluso garabatos, puede recordarnos dónde y cuándo Dios ha respondido a nuestras oraciones de forma creativa, poderosa, inesperada y a veces milagrosa.

Al final del día

Al final de cada día, tómate un tiempo para repasarlo en presencia de Dios, para hacer brillar la luz del amor y la misericordia de Dios en los pensamientos, sentimientos y actividades del día que ha terminado. Cuando miramos con mentalidad de oración, podemos identificar dónde ha actuado Dios en los acontecimientos y encuentros comunes del día. San Ignacio de Loyola desarrolló el *Examen*, una práctica de oración de seis pasos que lleva el día que termina a la luz sanadora de Cristo y nos desafía a identificar lo que Dios nos llama a hacer mañana.

- En primer lugar, tómate un momento para aquietar tu mente y entrar en el silencio. Invita a la presencia de Dios en su conciencia.

- En segundo lugar, recuerda tu día. ¿Qué hiciste hoy? ¿Con quién te encontraste hoy? Revisa tus sentimientos: ¿Qué te hizo sentir complacido? ¿enojado? ¿aburrido? ¿agradecido? Ofrece a Dios tus actividades y emociones.

- En tercer lugar, piensa en dónde estuviste presente Dios hoy. ¿Cuándo o dónde estuviste en sintonía con Dios? ¿Cuándo te guió Dios de maneras inesperadas?

- En cuarto lugar, ¿hubo momentos en los que no sentiste la presencia de Dios, o en que no seguiste la guía de Dios? ¿Necesitas pedir perdón a Dios o a alguien con quien te encontraste hoy? ¿Dios te pide que hagas algo mañana?

- En quinto lugar, agradece todo lo bueno que te trajo el día y recíbelo como un regalo de Dios. Alabado sea Dios por este amor y esta misericordia.

- Por último, encomienda el día a Dios y descansa en su paz.

"Que la oración interior sea su último acto antes de dormir y el primero al despertar".[63] El ciclo de la oración incesante vuelve a girar, porque Dios ha prometido estar siempre en sintonía, escuchar nuestras voces y responder, sin importar cuándo y cómo oremos.

Cuando pases por las aguas, yo estaré contigo

No temas, porque yo te redimí;
te puse nombre,
mío eres tú.

—*Isaías 43:1*

ORACIONES GRUPALES EN LA PRISIÓN

AFIRMACIÓN DEL BAUTISMO EN VARIAS CIRCUNSTANCIAS

Cómo usar esta sección

En la vida recibimos muchos nombres: las palabras con que la gente nos llama y los nombres que nos ponemos. Esos nombres pueden ser edificantes o pueden ser hirientes y degradantes. En nuestro bautismo, ya sea infantil o de adulto, Dios nos da a cada uno el nombre de "Hijo de Dios" y nos reclama como propios. Es importante que se nos recuerde ese nombre, y lo que significa ser hijo de Dios y vivir según sus mandatos. Es por eso por lo que afirmamos, o recordamos y reivindicamos, nuestro bautismo: para que nos recuerden quiénes y de quiénes somos. Este pequeño servicio se puede realizar dentro de un servicio de culto o en la comunidad de dos o tres personas. Este servicio puede ser dirigido por un capellán o por cualquier creyente.

Al congregarse

Si fuera posible, se puede colocar un recipiente con agua en medio de los reunidos. Si este servicio tiene lugar en la capilla, se puede utilizar la pila bautismal como lugar de reunión.

Los presentes pueden hacer la señal de la cruz, el signo con el que somos marcados en el bautismo, cuando comienza el líder.

Bendito sea la Santísima Trinidad, + un solo Dios, la fuente de agua viva, la roca que nos dio vida, nuestra luz y nuestra salvación. **Amén.**

El líder puede evaluar la ocasión de esta afirmación. También se pueden usar estas palabras, u otras similares. Queridos amigos, damos gracias por el don del bautismo, y nos presentamos ante Dios con _nombre/s_ los *cuales* afirman *su* bautismo en Cristo.

Oremos.
Dios misericordioso, te agradecemos que nos hayas hecho tuyos por el agua y la Palabra en el bautismo. Nos has convocado ante ti, nos has iluminado con los dones de tu Espíritu y nos has alimentado en la comunidad de fe. Pedimos que nos sostengas, y a todos sus siervos, en los dones y las promesas del bautismo, y que unas los corazones de todos los que has llevado a un nuevo nacimiento. Lo pedimos en el nombre de Cristo.
Amén.

Lectura
Se pueden leer uno o más pasajes de las Escrituras. Se pueden seleccionar lecturas de otras secciones de este volumen, o bien otras lecturas apropiadas.

Tras la lectura de las escrituras puede seguir un silencio para la reflexión. También se pueden usar otras formas de reflexión, como un breve comentario del líder, el testimonio personal de alguien que hace la afirmación del bautismo o una conversación guiada entre los presentes.

Se puede cantar un himno.

Profesión de fe
*El líder se dirige a los que hacen afirmación de
su bautismo.*

Te pido que profeses tu fe en Cristo Jesús, rechaces el pecado y
confieses la fe de la iglesia.

¿Renuncias al diablo y a las fuerzas que desafían a Dios?
Respuesta: Renuncio a ellos.

¿Renuncias a los poderes de este mundo que se rebelan
contra Dios?
Respuesta: Renuncio a ellos.

¿Renuncias a los caminos del pecado que te alejan de Dios?
Respuesta: Renuncio a ellos.

¿Crees en Dios Padre?
**Creo en Dios, el Padre todopoderoso,
      creador del cielo y de la tierra.**

¿Crees en Jesucristo, el Hijo de Dios?
**Creo en Jesucristo, su único, nuestro Señor.
      Que fue concebido por obra del Espíritu Santo,
      y nació de la virgen María.
      Padeció bajo el poder de Poncio Pilato,
      fue crucificado, muerto y sepultado.
      Descendió a los muertos.
      Al tercer día resucitó.
      Subió a los cielos,
      y está sentado a la diestra del Padre.
      Volverá a juzgar a los vivos y a los muertos.**

¿Crees en Dios el Espíritu Santo?

Creo en el Espíritu Santo,
  la Santa Iglesia católica,
  la comunión de los santos,
  el perdón de los pecados,
  la resurrección del cuerpo,
  y la vida perdurable.

Afirmación.
*El líder se dirige a los que hacen afirmación de
su bautismo.*

Has hecho profesión de tu fe. ¿Tienes la intención de continuar
en el pacto que Dios hizo contigo en el santo bautismo:
  de vivir entre la gente fiel a Dios,
  de escuchar la palabra de Dios y compartir la cena del
      Señor, de proclamar la buena nueva de Dios en Cristo
  con las palabras y las acciones,
  de servir a todos, siguiendo el ejemplo de Jesús, y luchar
      por la justicia y la paz en toda la tierra?
Respuesta: Sí, y que Dios me asista y guíe.

El líder puede dirigirse a otros que estén presentes.
Pueblo de Dios, ¿prometen apoyar a *nombre/s* y orar por *ellos*
en sus vidas en Cristo?
Sí, y pedimos a Dios que nos ayude y asista.

El líder reza pidiendo la bendición de Dios.
Oremos.

Te damos gracias, oh Dios, porque por medio del agua y el
Espíritu Santo nos das un nuevo nacimiento, nos limpias del
pecado y nos elevas a la vida eterna.

Las siguientes palabras de bendición pueden ser repetidas
por cada persona. El líder puede poner ambas manos
sobre la cabeza de la persona y decir:

Suscita en *nombre* el don de tu Espíritu Santo: el espíritu
de sabiduría y de entendimiento, el espíritu de consejo y de
fuerza, el espíritu de conocimiento y de temor del Señor, el
espíritu de alegría en tu presencia, ahora y siempre. Amén.

El líder continúa.

Nombre/s, nos regocijamos contigo en la vida del bautismo.
Juntos daremos gracias y alabaremos a Dios y proclamaremos
la buena nueva a todo el mundo.

Se puede cantar un himno, un canto o un salmo y se lo
puede acompañar con un recuerdo del bautismo.

Oraciones
Se puede rezar el Padre Nuestro, impreso en la página 240.

Bendición
El rito concluye con esta u otra bendición adecuada.

Dios todopoderoso, que nos concedes un nuevo nacimiento
por el agua y el Espíritu Santo y nos perdonas todos nuestros
pecados, fortalécenos en toda bondad y por el poder del
Espíritu Santo guárdanos en la vida eterna, por Jesucristo
nuestro Señor. Amén.

UNA LITURGIA DE SANACIÓN Y ESPERANZA

Cómo usar esta sección

Este servicio de oración es para un grupo de personas que oran juntas buscando alguna forma de sanación:

- de la adicción a las drogas o al alcohol;
- del abuso sexual o la violencia doméstica;
- de la discriminación basada en el grupo étnico, la orientación sexual o la identidad de género;
- de enfermedades graves;
- del pesar y la depresión, especialmente durante las fiestas;
- de cualquier situación que requiera de la sanación de Dios y la restauración de la esperanza.

Las palabras que dicen los líderes están en letra normal.
Las palabras que dicen todos están en negrita.

Reunión

El Señor es contigo.
Y también contigo.
Oremos.

Este es otro día, Oh Señor. Aún no sé lo que traerá, pero haz que esté dispuesto para aceptar lo que sea. Si debo estar de pie, ayúdame a hacerlo con valor. Si debo estar sentado, ayúdame a estarlo en calma. Si debo estar acostado, ayúdame a hacerlo con paciencia. Y si debo estar sin hacer nada, que lo acepte con gallardía. Haz que estas palabras sean más que palabras, y dame el Espíritu de Jesús. Amén.[64]

Isaías 43:1-3, 5

Ahora, así dice Jehová, Creador tuyo, Jacob, y Formador tuyo,
Israel: No temas, porque yo te redimí; te puse nombre, mío eres
tú. Cuando pases por las aguas, yo estaré contigo; y si por los
ríos, no te anegarán. Cuando pases por el fuego, no te quemarás
ni la llama arderá en ti." Porque yo Jehová Dios tuyo, el Santo
de Israel, soy tu Salvador. No temas, porque yo estoy contigo;
del oriente traeré tu descendencia y del occidente te recogeré.

Silencio

Salmos 86:1-12 *(leer como diálogo cada medio versículo)*

¹Inclina, Jehová, tu oído y escúchame,
> **porque estoy afligido y menesteroso.**

²Guarda mi alma, porque soy piadoso;
> **¡salva tú, Dios mío, a tu siervo que en ti confía!**

³Ten misericordia de mí, Jehová;
> **porque a ti clamo todo el día.**

⁴Alegra el alma de tu siervo,
> **porque a ti, Señor, levanto mi alma,**

⁵porque tú, Señor, eres bueno y perdonador,
> **y grande en misericordia para con todos los que
> te invocan.**

⁶Escucha, Jehová, mi oración,
> **y está atento a la voz de mis ruegos.**

⁷En el día de mi angustia te llamaré,
> **porque tú me respondes.**

⁸Señor, ninguno hay como tú entre los dioses,
> **ni obras que igualen tus obras.**

⁹Todas las naciones que hiciste
> vendrán y adorarán delante de ti, Señor,
> **y glorificarán tu nombre,**

¹⁰porque tú eres grande y hacedor de maravillas;
> **¡sólo tú eres Dios!**

[11]Enséñame, Jehová, tu camino, y caminaré yo en tu verdad;
    afirma mi corazón para que tema tu nombre.
[12]Te alabaré, Jehová, Dios mío, con todo mi corazón,
    y glorificaré tu nombre para siempre.

Silencio

Cántico
Hay anchura en su clemencia

> Hay anchura en su clemencia, cual la anchura de la mar;
> hay bondad en su justicia; se complace en perdonar.
> Hay la redención completa en la sangre del Señor.
> Gózate, iglesia entera, en tu tierno Dios de amor.
> Frederick W. Faber; trad. E. L. Maxwell y Ronald F. Krisman
> © 2012 GIA Publications, Inc.[65]

Una letanía de sanación y esperanza[66]
I. ¿Cuándo llegará la ayuda?

Nos atormenta y nos asusta lo que no podemos entender.
¿Cuándo llegará nuestra ayuda, oh Dios?

Estamos cansados, doloridos y vacíos.
¿Cuándo llegará nuestra ayuda, oh Dios?

Nuestros cuerpos revelan nuestro pasado, mostrando tantas
heridas aún no sanadas.
¿Cuándo llegará nuestra ayuda, oh Dios?

Estamos cansados de los traumas revividos y repetidos en
nuestras vidas, nuestras relaciones y nuestros cuerpos.
¿Cuándo llegará nuestra ayuda, oh Dios?

II. Tenga paciencia

Estamos perdidos y solos en nuestro dolor.
Está presente en nuestra angustia, oh Dios.

Nuestros hijos no nos conocen; no nos conocemos a
nosotros mismos.
Está presente en nuestra angustia, oh Dios.

Nuestras relaciones se resienten; demasiados nos utilizan y
pecan contra nosotros.
Está presente en nuestra angustia, oh Dios.

Soportamos solos el dolor de nuestro trauma; nuestras drogas
se han convertido en nuestro refugio.
Está presente en nuestra angustia, oh Dios.

III. Sánanos

En nuestro dolor hemos perdido la conexión contigo y con
nuestro verdadero ser.
Sánanos, Dios misericordioso.

La carga de nuestra culpa pesa en nuestros corazones y mentes.
Sánanos, Dios misericordioso.

Luchamos con las consecuencias de nuestras opciones y
anhelamos nuestros comienzos.
Sánanos, Dios misericordioso.

Luchamos por encontrar la paz y por confiar en tu misericordia.
Sánanos, Dios misericordioso.

IV. Haznos íntegros:

Ayúdanos a sanar nuestros cuerpos rotos y nuestros rotos
espíritus.
**Dios de la gran compasión, haz que volvamos a
estar íntegros.**

Enséñanos a amarnos a nosotros y a nuestros cuerpos, y a
amarnos mutuamente como hijos de Dios.
**Dios de la gran compasión, haz que volvamos a
estar íntegros.**

Danos el coraje de respirar en la verdad de tu gracia y de
convertir nuestra pena en admiración.
**Dios de la gran compasión, haz que volvamos a
estar íntegros.**

Renuévanos por tu Espíritu Santo para que podamos
convertirnos en las personas que quieres que seamos.
Amén.

Cántico
Hay anchura en su clemencia

> Hay anchura en su clemencia, cual la anchura de la mar;
> hay bondad en su justicia; se complace en perdonar.
> Hay la redención completa en la sangre del Señor.
> Gózate, iglesia entera, en tu tierno Dios de amor.
> Frederick W. Faber; trad. E. L. Maxwell y Ronald F. Krisman
> © 2012 GIA Publications, Inc.[67]

Mateo 11:28-30
Venid a mí todos los que estáis trabajados y cargados, y yo os
haré descansar. Llevad mi yugo sobre vosotros y aprended de

mí, que soy manso y humilde de corazón, y hallaréis descanso para vuestras almas, porque mi yugo es fácil y ligera mi carga.

Oración de cierre

Dios bondadoso y de amor, hoy nos presentamos ante ti, quebrados pero sanados por tu amor. Permanece con nosotros, incluso cuando sólo sintamos tu ausencia. Danos el coraje de pararnos a la sombra de la cruz de tu amado Hijo y de ver tu amor expuesto para nosotros en ese sacrificio. Danos la fortaleza de llorar lo que se ha perdido y de soportar los traumas de nuestro pasado, sabiendo que estás con nosotros en el presente. Encuéntranos en nuestro quebranto y recuérdanos sentirnos plenos, y que somos tuyos. Llénanos de luz y espercranza para vernos, nuestros cuerpos, mentes y espíritus, como nos ves: hijos amados del Dios vivo. Amén.

UNA LETANÍA PARA LA RECONCILIACIÓN Y LA BIENVENIDA[68]

Cómo usar esta sección

Este servicio de oración es una bendición para los que acaban de salir de la cárcel. Permite nombrar y reivindicar los desafíos de esta transición, tanto a los que regresan como a los miembros de la comunidad que los reciben. Puede utilizarse como resulte adecuado, en el culto, en un estudio bíblico o en un grupo de apoyo u otra reunión. Las secciones del líder son recitadas por los que regresan a la comunidad; el pueblo son los que les dan la bienvenida. Si es posible, ubique una cruz en el espacio de culto y tenga a mano papel y lápices o bolígrafos para escribir.

Las palabras que dicen los líderes están en letra normal.
Las palabras que dicen todos están en negrita.

Bienvenida

Tomamos este momento para reconocer el trabajo de reencuentro que realizamos cada día. Entendemos que es un trabajo duro, pero no lo abandonaremos.

Silencio para la reflexión Se puede cantar una canción.

Durante este tiempo escucharás a los líderes recitar una letanía que nos llama a pensar en cómo podemos haber pecado contra otros. Se te invita a escribir tus propios pecados en tarjetas que se colocarán al pie de la cruz hacia el final del servicio.

Pausa para la reflexión y para la escritura.

Recordemos que la sanación requiere la plena comprensión de las heridas que se han causado.
Pues todos hemos causado heridas.

No intentemos apresurar la sanación de una herida que puede necesitar una profunda atención y muchos cuidados.
Pues todos necesitamos y deseamos la sanación.

No adoptemos una actitud defensiva cuando se nos presente el dolor que hemos causado a otros.
Pues todos deseamos ser escuchados y comprendidos.

No descuidemos nuestras relaciones, valorando las posesiones materiales por encima de las vidas humanas.
Pues todos fuimos hechos a la imagen de Dios, y cada uno de nosotros es un tesoro en una vasija de arcilla.

Aceptemos que la vida es desordenada, que los reencuentros pueden ser dolorosos y que la vida en comunidad nunca puede ser fácil.

Pues no podemos resolver los desórdenes ni aliviar los dolores que no admitimos haber causado.

Pausa para la reflexión

Comprendemos por experiencia propia que el sistema de justicia penal no es ciego ni justo, y llevamos las cicatrices de esas heridas.

Lamentemos las violaciones de la confianza personal y social.

Lloremos nuestras pérdidas, especialmente las de los hombres, mujeres y niños negros, morenos e indígenas, perjudicados fuera de proporción por los problemas del sistema de justicia penal.

Aprendamos, imaginemos y aboguemos por alternativas al encarcelamiento, para que el sistema de justicia penal pueda servir mejor al deseo de Dios del florecer de la humanidad.

Señor, en tu misericordia muéstranos cómo hemos tratado injustamente a otros. Pedimos perdón por las veces en que hemos presenciado injusticias y hemos permanecido en silencio. Llénanos del Espíritu Santo y de la pasión por la justicia.

Escucha las palabras de consuelo de Pablo y acepta que el amor de Cristo atraviesa todo lo que nos aleja de los demás y de Dios, llevando esas cosas más allá de la cruz.

Mientras un líder recoge las tarjetas y las lleva al pie de la cruz, otro líder continúa con la lectura de las escrituras.

2 Corintios 5:15-21

[Cristo] murió por todos, para que los que viven ya no vivan para sí mismos, sino para el que murió y resucitó por ellos. De manera que nosotros de aquí en adelante a nadie conocemos según la carne; y aun si a Cristo conocimos según la carne, ya no lo conocemos así. De modo que si alguno está en Cristo, nueva criatura es: las cosas viejas pasaron; todas son hechas nuevas. Y todo esto proviene de Dios, quien nos reconcilió consigo mismo por Cristo, y nos dio el ministerio de la reconciliación; Dios estaba en Cristo reconciliando consigo al mundo, no tomándoles en cuenta a los hombres sus pecados, y nos encargó a nosotros la palabra de la reconciliación. Así que, somos embajadores en nombre de Cristo, como si Dios rogara por medio de nosotros; os rogamos en nombre de Cristo: Reconciliaos con Dios. Al que no conoció pecado, por nosotros lo hizo pecado, para que nosotros seamos justicia de Dios en él.

Oración por sanación y esperanza

Oremos con todo nuestro ser.

Dios de la compasión, ayúdanos a perdonar los crímenes que se han cometido en nuestra comunidad. Ayúdanos a acoger y apoyar a nuestros hermanos que han regresado a nosotros. En medio de todo lo que ha perturbado a nuestra comunidad y amenazado a nuestras familias y a nuestra fe, nuestros corazones desean ser sanados. Así como deseamos la sanación, deseamos que los platillos de la justicia se equilibren y que prevalezca la gracia de Dios. Queremos que se desencadene el amor y que la sanación llegue a nuestra comunidad. Amén.

Despedida

Id, y compartid el amor y la esperanza de Dios.

¡Demos gracias a Dios!

ENCOMENDACIÓN DE LOS MORIBUNDOS

Cómo usar esta sección

Durante siglos, los cristianos han velado y rezado con los moribundos, encomendándolos a Dios. Este servicio ofrece esa oportunidad. Todos merecen saber que son amados en su vida y en su muerte, y todos merecen saber que no están solos, especialmente en el momento de la muerte. Este servicio te brinda la oportunidad de rezar por alguien que se está muriendo. Este servicio puede ser dirigido por un capellán o por cualquier creyente.

Lectura de las Escrituras

Se pueden leer una o más de las siguientes con la persona moribunda. O se puede seleccionar un texto favorito del moribundo.

Jehová es mi luz y mi salvación, ¿de quién temeré? (Salmos 27:1)

En tu mano encomiendo mi espíritu; tú me has redimido Jehová, Dios de verdad. (Salmos 31:5)

Jesús dijo: "Venid, benditos de mi Padre, heredad el Reino preparado para vosotros desde la fundación del mundo". (Mateo 25:34)

Entonces Jesús le dijo: "De cierto te digo que hoy estarás conmigo en el paraíso". (Lucas 23:43)

De tal manera amó Dios al mundo, que ha dado a su Hijo unigénito, para que todo aquel que en él cree no se pierda, sino que tenga vida eterna. (Juan 3:16)

Así pues, sea que vivamos o que muramos, del Señor somos. (Romanos 14:8)

Saludo y oración
Estamos reunidos en oración para encomendar a _nombre_ a Dios, que es fiel y compasivo.

Oremos. Dios santo, cuya paz sobrepasa todo entendimiento, te rogamos que liberes a _nombre_ de todas las preocupaciones terrenales, libera a _nombre_ del dolor, y concede que _nombre_ venga a morar con todos tus santos en la gloria eterna, por Jesucristo, nuestro Salvador y Señor. Amén.

Letanía
Oremos por _nombre_. [diciendo "ten piedad de tu siervo"]

Dios Padre celestial:
ten piedad de tu siervo.
Dios Hijo, redentor del mundo:
ten piedad de tu siervo.
Dios Espíritu Santo:
ten piedad de tu siervo.
Santisima Trinidad, un solo Dios:
ten piedad de tu siervo.

Por tu santo nacimiento entre nosotros,
ten piedad de tu siervo.
Por tu cruz y tu pasión,
ten piedad de tu siervo.
Por tu preciosa muerte y sepultura,
ten piedad de tu siervo.
Por tu gloriosa resurrección y ascensión,
ten piedad de tu siervo.

Por la venida de tu Espíritu Santo,
ten piedad de tu siervo.

De todos los males, todos los pecados y todas las tribulaciones,
ten piedad de tu siervo.
De la muerte eterna, ten piedad de tu siervo.
Por el perdón de todos los pecados de _nombre_,
ten piedad de tu siervo.
En un lugar de refresco en tu banquete celestial,
ten piedad de tu siervo.
En la alegría y el gozo con tus santos en la luz,
ten piedad de tu siervo.

Luego el líder dice,
Señor, ten piedad. Cristo, ten piedad. Señor, ten piedad. **Amén.**

Se puede rezar el Padre Nuestro, impreso en la página 240.

Encomendación
Encomendemos a _nombre_ a la misericordia de Dios.

Nombre, hijo de Dios, prosige en el nombre de Dios el Padre
todopoderoso que te creó; en el nombre de Jesucristo, el Hijo
del Dios viviente, que te redimió; en el nombre del Espíritu
Santo que fue derramado sobre ti. Descansa en paz y mora
eternamente en el paraíso de Dios. **Amén.**

Cuando la muerte parece inminente, el líder continúa,
En tus manos, misericordioso Salvador, encomendamos a
tu siervo _nombre_. Recibe, te pedimos humildemente, a esta
oveja de tu redil, este cordero de tu rebaño, este pecador que
redimiste. Recíbele en los brazos de tu misericordia y acógele
en el bendito descanso de la paz eterna y en la gloriosa
compañía de tus santos en luz. **Amén.**

Cántico

Se puede cantar una canción. Ver "Himnos y cánticos"
(Página 215)

Apóyanos, oh Señor, durante el largo día de esta atribulada
vida, hasta que las sombras se alarguen y caiga la noche y
el mundo bullicioso sea silenciado, cese el trajín de la vida
y nuestro jornada toque a su fin. Entonces, Señor, en tu
misericordia, concédenos seguro reposo y santo descanso y paz
al final de nuestros dias; por Jesucristo nuestro Señor. **Amén.**

*Se pueden incluir oraciones por los que sufren, y se puede
invitar a todos los presentes a que ofrezcan sus propias
oraciones.*

Bendición

Que *nombre* con todo el pueblo fiel difunto, por la misericordia
de Dios, descansen en paz. **Amén.**

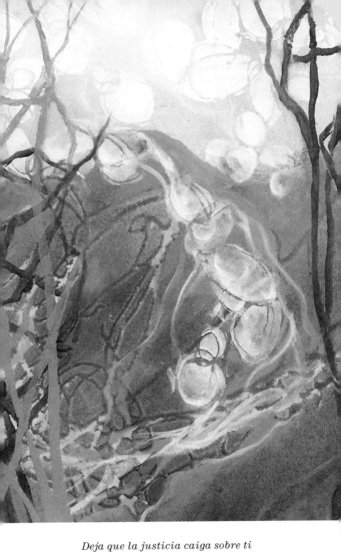

Deja que la justicia caiga sobre ti

Lo que pide Jehová de ti: solamente hacer justicia, amar misericordia y humillarte ante tu Dios.

—Miqueas 6:8

OTRAS FORMAS DE ORAR

ESTUDIO BÍBLICO GRUPAL E INDIVIDUAL

El grupo de estudio bíblico de mujeres en la cárcel de Alejandría no funcionaba muy bien. Los líderes de estudio bíblico del seminario cercano compartían con enorme entusiasmo sus conocimientos sobre los pasajes de las escrituras. Jesús parecía encerrado en una historia irrelevante de hace tiempo y a lo lejos. De repente, una de las mujeres del grupo dijo: "Hoy Jesús hizo un milagro por mí". Compartió cómo su día y su futuro se habían transformado en forma inesperada y milagrosa, y agradeció la obra de Jesús en su vida. Cuando todas empezamos a compartir cómo obraba Dios en nuestras vidas, Jesús fue liberado del texto y se presentó entre nosotros, resucitado y poderosamente presente en esa habitación de la planta alta, la biblioteca legal de la cárcel. Ese es el poder de los estudios bíblicos.

La Biblia es una colección de libros escritos a lo largo de una amplia gama de años, y a veces puede ser confusa. Pero no hace falta ser un pastor o un teólogo entrenado para escuchar a Dios que nos habla a través de las palabras de las Escrituras. Martín Lutero describe la Biblia como "el pesebre en el que yace Cristo", [70] y con ello significa que cuando estudiamos la Biblia con actitud de oración, Cristo se nos revela, a menudo de forma sorprendente, como cuando Dios se presentó como Jesús, nacido en un establo y yaciendo en un pesebre. El Espíritu abre nuestros corazones y mentes para que escuchemos la palabra de Dios a la Iglesia a lo largo de los siglos, y para encontrar el mensaje de Dios para cada uno de nosotros en el momento de la oración. Se incluyen algunos métodos de estudio bíblico para grupos o para la devoción personal.

Escuchar la Palabra de Dios en las Escrituras: Lectio Divina

Lectio divina es un término formal que significa leer lentamente un pasaje de las Escrituras, en actitud de meditación y de oración. No intentamos analizar el pasaje bíblico, sino que utilizamos la lectura como un portal hacia la presencia de Dios, y como una forma de escuchar su guía. Después de seleccionar un determinado pasaje bíblico para su meditación, la lectio divina incluye cuatro pasos:

- Lee el pasaje lentamente, concentrándose en lo que dice. Siéntate tranquilamente con el pasaje por algunos minutos.
- Léelo nuevamente, reflexionando en lo que podría estar diciendo *a ti*. ¿Qué palabra o frase te llama la atención? ¿Qué puede estar diciéndote Dios sobre tu situación actual a través de este pasaje?
- Léelo por tercera vez, esta vez orando y reflexionando sobre tu reacción al pasaje. ¿Te tranquiliza? ¿Te desafía? ¿Te inspira a intentar algo nuevo? ¿Te consuela?
- Permanece en silencio y deja que el pasaje sobre el que acabas de orar impregne tu alma. Abre tu corazón a las indicaciones del Espíritu Santo.[71]

¿Cómo puedes orar tus propias reacciones a los mensajes de esta meditación sobre las Escrituras?

Orar con los ojos abiertos: Visio Divina

La imaginación de los artistas puede revelar la belleza y el poder de la infinita creatividad de Dios. Esto puede ser especialmente cierto con las obras de arte inspiradas en textos bíblicos, como las presentadas de este libro. *Visio divina* significa "visión divina". Meditar sobre una pintura, una fotografía, un ícono o incluso un jardín revela a Dios de nuevas maneras. Queremos usar el arte como un espejo que refleja la imagen de Dios. Podemos encontrar el amor de Dios a través del talento de los artistas.

Lo que sigue son los pasos que puede seguir para meditar sobre una obra de arte para encontrar en ella la revelación de Dios:

- Visión de conjunto: ¿Qué atrae tu atención primero cuando empiezas a mirar la obra de arte? ¿Qué ves en la imagen? ¿Cómo te hacen sentir los colores? ¿Qué te inspira la imagen?
- Mientras empiezas a enfocarte en los detalles, ¿cómo empieza el arte a revelar e interpretar un determinado texto bíblico? ¿Cómo te invita la imagen a la presencia de Dios?
- ¿Dónde te ves en la imagen? ¿Te revela el arte algo sobre los anhelos que siente tu corazón justamente en estos momentos? ¿Cómo podría Dios estar hablándote a través de esta obra de arte?
- Reposa serenamente en la belleza del arte. Permite que el Espíritu de Dios alimente tu alma, mente y corazón a través de la imagen.

¿Cómo podrías dibujar tu propia respuesta de oración a los mensajes del arte?

Cantar la palabra de Dios: Audio Divina

Tal como sucede con el arte, la música puede ofrecer una nueva manera de encontrar a Dios. Podemos escuchar la palabra de Dios en las palabras de la canción y encontrar la creación de Dios en las melodías y armonías de la música, ya sea a través de la música grabada que escuchamos o de las canciones e himnos que cantamos.

Lo que sigue son los pasos que puede seguir para meditar sobre una pieza musical para encontrar en ella la revelación de Dios:

- Escucha la pieza completa hasta el final. ¿De qué forma capta la música tu imaginación? ¿Qué línea de la letra o qué parte de la melodía te llaman la atención?
- Escúchala nuevamente. ¿Cómo te invita la música a la presencia de Dios?
- ¿Te revela la música algo sobre los anhelos que siente tu corazón justamente en estos momentos? ¿Te está hablando Dios a través de esta obra de obra musical?
- Reposa serenamente en la belleza de la música. Permite que el Espíritu de Dios alimente tu alma, mente y corazón a través de la imagen.

En Colosenses 3:16, el apóstol Pablo dice: "Cantad con gracia en vuestros corazones al Señor, con salmos, himnos y cánticos espirituales". ¿Cómo podrías cantar tu propia respuesta de oración a los mensajes de la música?

Oraciones corporales
Con frecuencia usamos nuestros cuerpos para ayudarnos a enfocar nuestras mentes en la oración. A veces nos arrodillamos para orar. Levantamos los brazos en una postura de oración abierta y receptiva o juntamos las manos en oración. Coordinar nuestras oraciones con nuestra respiración puede invitar al Espíritu, el aliento de Dios, a entrar en nuestras vidas en un sentido físico y de oración mientras inhalamos y exhalamos.

Inhala el amor de Dios; exhala tu gratitud.
Inhala el perdón de Dios; exhala tu culpa.

Inhala la misericordia de Dios; exhala tu esperanza.
Inhala la gracia de Dios; exhala tu alegría.
Inhala la paz de Dios; exhala tu alabanza.
Inhala la promesa de Dios; exhala tu adoración.
Respire.

Una docena de pasajes de las Escrituras para el estudio bíblico grupal e individual

Génesis 28:10-17 *el sueño de Jacob*
Éxodo 3 *Moisés encuentra a Dios en la zarza ardiente*
1 Reyes 19:1-13 *Elías encuentra a Dios en la montaña*
Mateo 14:1-12 *Juan el Bautista y la pena de muerte*
Mateo 22:34-39 *Amar a Dios y al prójimo*
Marcos 4:35-41 *Jesús calma una tormenta*
    (también Lucas 8:22-25)
Marcos 5:1-20 *Jesús cura a un hombre encadenado*
Lucas 4:14-30 *Jesús predica en la sinagoga*
Lucas 17:11-19 *El agradecido leproso curado*
Lucas 18:1-8 *La parábola de Jesús para orar siempre*
Lucas 24:13-35 *Jesús encuentra a sus amigos después de la resurrección*
Hechos 16:16-34 *Pablo y Silas encarcelados en Filipos*

ORACIONES RELÁMPAGO EN LAS ESCRITURAS[72]

Cómo usar esta sección

Casi cualquier verso de las Escrituras se puede transformar en una oración rápida dirigida a Dios. Estas "oraciones relámpago" se pueden usar para "orar sin cesar" a lo largo del día. A continuación, vemos algunos ejemplos.

· Señor, sé que tú me acompañas y que siempre me acompañarás dondequiera que yo vaya. *(Génesis 28:15)*

- Dios mío, sé que tú lucharás por mí y eso me reconforta. *(Éxodo 14:14)*
- Señor, ven a vivir al santuario de mi corazón. *(Éxodo 25:8)*
- Dios todopoderoso, yo confío en que tú serás mi refugio en tiempos de angustia. *(Salmos 9:9)*
- Jehová, en ti confío. Sé mi refugio, mi escudo y la fuerza de mi salvación. *(Salmos 18:1-2)*
- Señor, escúchame y protégeme en los momentos de angustia. *(Salmos 20:1)*
- Señor, tú eres mi refugio; protégeme de la angustia con cánticos de liberación. *(Salmos 32:7)*
- Señor, lucha contra los que me combaten, protégeme y ayúdame. *(Salmos 35:1-2)*
- Oye mi oración, Jehová, y escucha mi clamor; no calles ante mis lágrimas. *(Salmos 39:12)*
- Oh Dios, cuando tengo temores, yo en ti confío. *(Salmos 56:2-3)*
- Ten misericordia de mí, Dios, ten misericordia de mí, porque en ti ha confiado mi alma. *(Salmos 57:1)*
- ¿Por qué, Jehová, desechas mi alma? ¿Por qué escondes de mí tu rostro? *(Salmos 88:14)*
- Oh Señor, alabaré siempre tu nombre desde que salga hasta que se ponga el sol. *(Salmos 113:3)*
- Alabaré tu nombre por tu misericordia y tu fidelidad. *(Salmos 138:2)*
- Líbrame de hombres injuriosos, que han planeado trastornar mis pasos. *(Salmos 140:4)*
- Saca mi alma de la cárcel, para que alabe tu nombre. *(Salmos 142:7)*
- ¡Yo creo en ti, Señor. Ayúdame a vencer mi incredulidad! *(Marcos 9:24)*
- Oh Dios, defiéndeme con tu justicia de quienes quieren perjudicarme. *(Lucas 18:3)*
- Acuérdate de mí cuando vengas en tu Reino. *(Lucas 23:42)*

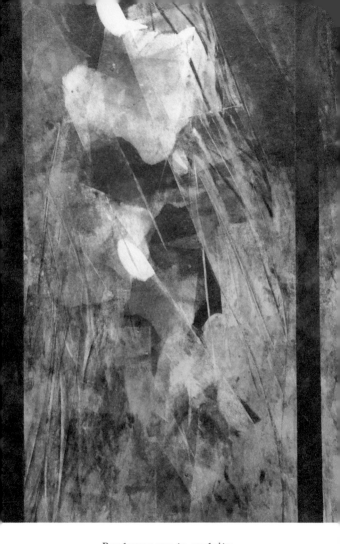

Repárame con tu espíritu

Oye, Dios, mi clamor;
atiende a mi oración.

—Salmos 61:1

- Guíame, Señor, tú eres el camino, la verdad y la vida. *(Juan 14:6)*
- Espíritu Santo, ayúdame y enséñame a rezar. *(Romanos 8:26)*
- Oh Dios, lléname de gozo y de paz para que abunde mi esperanza. *(Romanos 15:13)*
- Señor, ayúdame a seguir adelante por el camino de la fe. *(2 Corintios 5:7)*

ORAR CON SANTOS ENCARCELADOS

Cómo usar esta sección

Muchos cristianos han pasado días, meses, años o incluso décadas en prisión. Hoy en día muchos creyentes honran como santos a estos cristianos encarcelados hace tiempo, por la fe que expresaron antes, durante y después de su encarcelamiento. A continuación veremos a cinco de estos santos encarcelados, junto con oraciones inspiradas en sus vidas. Invita a tu celda a estos discípulos de la fe como compañeros de oración a través de los siglos.

Juana de Arco, 1412–1431

Inglaterra y Francia estuvieron en guerra durante el siglo XV por la propiedad de tierras que en la actualidad forman parte de Francia. Juana de Arco era una campesina adolescente que tenía visiones de ángeles y de santos que le decían que dirigiera un ejército contra los ingleses. Se puso una armadura y dirigió a los soldados franceses en una serie de batallas victoriosas. Pero fue traicionada y entregada a los ingleses, que la encarcelaron y la juzgaron por herejía (creer en doctrinas religiosas opuestas a la enseñanza oficial de la iglesia) y brujería, una acusación que se ha usado contra muchas mujeres que mostraban un poder extraordinario sobre los hombres. Uno de los cargos principales contra ella fue que vestía como un hombre, lo que era un serio delito en el siglo XV. Tenía diecinueve años cuando fue quemada en la hoguera. Un tribunal eclesiástico la absolvió de todas las acusaciones cinco años después de su muerte.

Lo que sigue es una cita del testimonio de Juana de Arco cuando se le pidió que dijera al tribunal lo que había rezado:

Dulcísimo Dios, en honor a tu santa pasión, te ruego, si me amas, que me reveles cómo debo responder a estos eclesiásticos. En cuanto a la vestimenta, conozco bien el mandato por el que lo he adoptado; pero no sé de qué manera debo dejarlo. Por lo tanto te suplico que me enseñes qué hacer[73]

Recordando a Juana de Arco, oramos:
Oh Dios, mi escudo y mi defensor, te agradezco que envíes a tus ángeles y santos para que me acompañen a lo largo de mis días. Guíame cada día en que intente vivir según mis creencias. Sé mi armadura contra todo daño y todo mal. Muéstrame cómo vivir mi vida para ti. Oro en nombre de Jesús. Amén.

William Tyndale, 1494-1536

William Tyndale fue un devoto teólogo cristiano y un experto en idiomas que vivió en Inglaterra durante el inicio del Protestantismo. En esos tiempos, el rey mantenía un rígido control sobre todas las cuestiones religiosas. El gobierno mantenía una ley eclesiástica que obligaba a todos a utilizar la versión en latín de la Biblia y prohibía cualquier traducción bíblica al inglés. Tyndale produjo una excelente traducción al inglés de la Biblia a partir de su original griego y hebreo. Por ello fue arrestado, encarcelado durante un año y luego ejecutado estrangulado en la estaca, y su cuerpo fue quemado. Algunas de sus expresiones bíblicas nos son familiares, por ejemplo "la sal de la tierra", "el espíritu a la verdad está dispuesto, pero la carne es débil" y "en él vivimos, nos movemos y somos". Setenta y cinco años después de la ejecución de Tyndale, el rey Jaime I autorizó una traducción de la Biblia al inglés, y se copió el 83% de esta traducción de la obra de Tyndale.

Veamos un fragmento de una carta que Tyndale escribió desde la prisión de Vilvorde:

Le ruego a su señoría, y esto por el Señor Jesús, que si he de permanecer aquí durante el invierno, solicite al comisario que tenga la bondad de enviarme… una gorra más abrigada; pues sufro mucho de frío en la cabeza… lo que resulta mucho peor en esta celda. Y pido que se me permita tener una lámpara por la noche; es ciertamente tedioso estar sentado solo en la oscuridad. Si se ha tomado alguna decisión respecto a mí (es decir, ejecución), que tenga lugar antes del invierno, seré paciente, acatando la voluntad de Dios, para gloria de la gracia de mi Señor Jesucristo: cuyo Espíritu (ruego) dirija siempre vuestro corazón.[74]

Recordando a William Tyndale, oramos:
Oh Dios del consuelo y de la compañía, te doy las gracias por hablarme a través de las Escrituras en mi propio idioma.
Rezo para que tus buenas nuevas abran mi corazón a ti y a mi prójimo, para que pueda encontrar mi libertad en ti. Oro en nombre de Jesús. Amén.

Anne Hutchinson, 1592-1643
En 1634, Anne Hutchinson se trasladó desde Inglaterra y se estableció con su marido e hijos en la ciudad de Boston colonial. Trabajó como partera y sanadora y se hizo famosa como maestra de la fe. Congregó a mujeres en su casa para discutir varios pasajes de la Biblia, incluyendo algunos textos de sermones locales recientes. Mientras estaba embarazada

de su decimoquinto hijo, fue arrestada y acusada de fomentar controversias religiosas en la colonia al discrepar en forma pública con algunos de los sermones del clero cuando se reunía con las mujeres, y de ejercer indebidamente como maestra de hombres porque algunos hombres habían asistido a sus sesiones. Se la juzgó como hereje, fue recluida en el invierno de 1637 y luego exiliada a Rhode Island. Luego se estableció en lo que sería la ciudad de Nueva York, pero ella y sus hijos fueron muertos por los indios Siwanoy durante un conflicto local. Algunos de sus acusadores consideraron que su parto anterior de un bebé deforme, y su propia muerte violenta eran signos del juicio de Dios sobre sus convicciones religiosas.

Veamos un fragmento del juicio de Anne Hutchinson:

Ahora bien, si me condenan por decir lo que en mi conciencia sé que es verdad, debo encomendarme al Señor. Tienen poder sobre mi cuerpo, pero el Señor Jesús tiene poder sobre mi cuerpo y mi alma.[75]

Recordando a Anne Hutchinson, oramos:
Oh Dios, Palabra de Vida, te bendigo por todas las mujeres que han hablado de Cristo a su prójimo. En tu misericordia, sustenta a todas las mujeres maltratadas, aquí y en todo el mundo, y consuela a las que experimentan el sexismo y los celos. Mantén mi confianza en tu presencia, no importa dónde me vea obligado a vivir, pues sé que mi vida está en ti. Oro en nombre de Jesús. Amén.

Dietrich Bonhoeffer, 1906-1945

Dietrich Bonhoeffer llegó a ser pastor y teólogo luterano durante el ascenso del régimen nazi de Hitler en Alemania. Si bien enseñó por un tiempo en el Union Theological Seminary de la ciudad de Nueva York, regresó a Alemania, en la convicción de que Dios lo llamaba a dar testimonio contra el antisemitismo y el nacionalismo del partido nazi. Se convirtió en un líder de la Iglesia Confesante, un grupo cristiano clandestino que trabajaba para oponerse a los nazis. Se unió a un fallido complot para asesinar a Hitler. Bonhoeffer admitió su participación en la conspiración, rezando para que Dios juzgara sus acciones éticas. Después de dos años en prisión, Bonhoeffer fue ahorcado por el régimen nazi dos semanas antes de que los aliados liberaran la prisión. La colección de sus *Cartas y Documentos desde la Prisión* se convirtió en un éxito de ventas. Es más conocido por explicar "el costo del discipulado": lo que significa y lo que cuesta ser un seguidor de Jesucristo.

Veamos un fragmento de los escritos de Dietrich Bonhoeffer:

La cruz está colocada sobre todo cristiano. La cruz no es el final terrible de una vida piadosa y feliz. Por el contrario, se sitúa en el principio de la comunidad con Jesucristo. Porque cada mandato de Jesús nos llama a morir con todos nuestros deseos y anhelos, y porque no podemos querer nuestra propia muerte, por lo tanto Jesucristo, en su palabra, tiene que ser nuestra muerte y nuestra vida. El llamado a seguir a Jesús, el bautismo en el nombre de Jesucristo, es muerte y vida.[76]

Recordando a Dietrich Bonhoeffer, oramos:
Oh Dios, te agradezco el costo que Jesús pagó por mi salvación. Perdona todos mis pecados y ofensas, no importa cómo me juzgue el mundo. A lo largo de mi vida y de mi muerte, protégeme con la cruz de Cristo, y dame compañeros de discipulado, no importa dónde viva. Oro en nombre de Jesús. Amén.

Dr. Martin Luther King Jr., 1929–1968

Martin Luther King Jr. fue el ministro de una iglesia bautista estadounidense en Montgomery, Alabama, que se convirtió en líder del movimiento por los derechos civiles de los afroamericanos. Había estudiado la historia de la resistencia no violenta a las leyes injustas y dedicó su vida a seguir a Jesús. Trabajó por la justicia para los desfavorecidos, la igualdad para la gente de color y el alivio de la pobreza. A pesar de la oposición de muchos cristianos, sostuvo que los cristianos tienen la responsabilidad moral de infringir las leyes que son injustas, y presentó esta posición en su famosa "Carta desde la cárcel de la ciudad de Birmingham", escrita mientras estaba encarcelado en 1963. Fue asesinado el 4 de abril de 1968 en Memphis, donde planeaba una manifestación no violenta en favor de las personas que viven en la pobreza.

Veamos un fragmento de uno de sus sermones:

Dios actúa en su universo. No está fuera del mundo, observándolo con una especie de fría indiferencia. Aquí, en todos los caminos de la vida, él lucha en nuestras luchas. Como un Padre de amor eterno, está trabajando a través de la historia para la salvación de sus hijos. Cuando luchamos para derrotar a las fuerzas del mal, el Dios del universo lucha a nuestro lado. El mal muere en la orilla del mar, no sólo por la interminable oposición del hombre, sino por el poder de Dios para derrotarlo.[77]

Recordando a Martin Luther King Jr., oramos:
Oh Dios del universo, te alabo por acompañar a tu pueblo en todas sus miserias. A lo largo de la historia has atacado el poder del mal. Actúa en mí. Fortalece mi confianza en tu cuidado. Muéstrame qué leyes invocan mi obediencia y cuáles invocan una resistencia no violenta. Guía a esta nación en tu voluntad y en tu camino. Oro en nombre de Jesús. Amén.

Que mi plegaria se eleve ante ti

*¡Sea tu misericordia,
Oh Jehová, sobre nosotros,
según esperamos en ti!*

—Salmos 33:22

ESCRITURAS Y CÁNTICOS

SALMOS SELECCIONADOS

Salmos 4

¹Respóndeme cuando clamo, Dios, justicia mía;
    Cuando estaba en angustia, tú me diste alivio.
    Ten misericordia de mí y oye mi oración.

²"Hijos de los hombres, ¿hasta cuándo volveréis mi honra en
    infamia; amaréis la vanidad y buscaréis la mentira?"

³No entiendo sabed, pues, que Jehová ha escogido al piadoso
    para sí; Jehová oirá cuando yo a él clame.

⁴Temblad y no pequéis;
    Meditad en vuestro corazón estando en
    vuestra cama, y callad.

⁵Ofreced sacrificios de justicia y confiad en Jehová.

⁶Muchos son los que dicen: "¿Quién nos mostrará el bien?"
    Alza sobre nosotros, Jehová, la luz de tu rostro.

⁷Tú diste alegría a mi corazón,
    mayor que la de ellos cuando abundaba
    su grano y su mosto.

⁸En paz me acostaré y asimismo dormiré;
    porque sólo tú, Jehová, me haces vivir confiado.

Salmos 22:1-4, 7-11, 20-21, 25-27

¹Dios mío, Dios mío, ¿por qué me has desamparado?

¿Por qué estás tan lejos de mi salvación y de las palabras de mi clamor?

²Dios mío, clamo de día y no respondes; y de noche no hay para mí descanso.

³Pero tú eres santo,

tú que habitas entre las alabanzas de Israel.

⁴En ti esperaron nuestros padres; esperaron y tú los libraste.

⁷Todos los que me ven se burlan de mí;

tuercen la boca y menean la cabeza, diciendo:

⁸"Se encomendó a Jehová; líbrelo;

sálvelo, puesto que en él se complacía".

⁹Pero tú eres el que me sacó del vientre, el que me hizo estar confiado desde que estaba en el regazo de mi madre.

¹⁰A ti fui encomendado desde antes de nacer;

desde el vientre de mi madre, tú eres mi Dios.

¹¹No te alejes de mí, porque la angustia está cerca y no hay quien me ayude.

²⁰Libra de la espada mi alma,

del poder del perro mi vida.

²¹Sálvame de la boca del león

y líbrame de los cuernos de los toros salvajes.

²⁵De ti será mi alabanza en la gran congregación;

mis votos pagaré delante de los que lo temen.

²⁶Comerán los humildes hasta quedar saciados.

alabarán a Jehová los que lo buscan;

vivirá vuestro corazón para siempre.

²⁷Se acordarán y se volverán a Jehová; todos los confines de la tierra, y todas las familias de las naciones adorarán delante de ti.

Salmos 23

¹Jehová es mi pastor, nada me faltará.

²En lugares de delicados pastos me hará descansar
        junto a aguas de reposo me pastoreará.

³Confortará mi alma,
        me guiará por sendas de justicia por amor de su nombre.

⁴Aunque ande en valle de sombra de muerte,
        no temeré mal alguno;
        porque tú estarás conmigo;
        tu vara y tu cayado me infundirán aliento.

⁵Aderezas mesa delante de mí en presencia de mis
        angustiadores; unges mi cabeza con aceite;
        mi copa está rebosando.

⁶Ciertamente, el bien y la misericordia
        me seguirán todos los días de mi vida,
        y en la casa de Jehová moraré por largos días.

Salmos 27:1-3, 7, 9-14

¹Jehová es mi luz y mi salvación, ¿de quién temeré?
        Jehová es la fortaleza de mi vida,
        ¿de quién he de atemorizarme?

²Cuando se juntaron contra mí los malignos, mis angustiadores
        y mis enemigos, para comer mis carnes,
        ellos tropezaron y cayeron.

³Aunque un ejército acampe contra mí, no temerá mi corazón;
        aunque contra mí se levante guerra, yo estaré confiado.

⁷¡Oye, Jehová, mi voz con que a ti clamo!;
        ¡ten misericordia de mí y respóndeme!

⁹¡No apartes con ira a tu siervo! ¡Mi ayuda has sido! No me dejes
        ni me desampares, Dios de mi salvación.

¹⁰Aunque mi padre y mi madre me dejen, con todo,
        Jehová me recogerá.

¹¹Enséñame, Jehová tu camino;
        y guíame por senda de rectitud a causa de mis enemigos.

¹²No me entregues a la voluntad de mis enemigos,
    porque se han levantado contra mí testigos falsos y los
    que respiran crueldad.
¹³Hubiera yo desmayado, si no creyera que he de ver la bondad
    de Jehová en la tierra de los vivientes.
¹⁴¡Espera en Jehová ¡Esfuérzate y aliéntese tu corazón!
    ¡Sí, espera en Jehová!

Salmos 31:1-3, 9-17, 24

¹En ti, Jehová, he confiado; no sea yo confundido jamás;
    ¡Líbrame en tu justicia!
²Inclina a mí tu oído;
    líbrame pronto.
³¡Sé tú mi roca fuerte y la fortaleza para salvarme!
    Tú eres mi roca y mi castillo;
    por tu nombre me guiarás y me encaminarás.
⁹Ten misericordia de mí, Jehová, porque estoy en angustia;
    se han consumido de tristeza mis ojos,
    también mi alma y mi cuerpo.
¹⁰Mi vida se va gastando de dolor y mis años de suspirar;
    ¡se agotan mis fuerzas a causa de mi maldad y mis huesos
    se consumen!
¹¹De todos mis enemigos soy objeto de oprobio, y de mis vecinos
    mucho más; soy el horror de mis conocidos.
    ¡Los que me ven afuera huyen de mí!
¹²He sido olvidado de su corazón como un muerto;
    he llegado a ser como un vaso quebrado.
¹³Oigo la calumnia de muchos;
    el miedo me asalta por todas partes;
    mientras conspiran juntos contra mí e idean
    quitarme la vida.
¹⁴Mas yo en ti, Jehová confío.
    digo: "¡Tú eres mi Dios.

¹⁵En tu mano están mis tiempos!";

    Líbrame de manos de mis enemigos y de mis
    perseguidores.

¹⁶Haz resplandecer tu rostro sobre tu siervo;

    ¡sálvame por tu misericordia!"

¹⁷No sea yo avergonzado, Jehová, ya que te he invocado;

    ¡sean avergonzados los impíos, estén mudos en el seol!

²⁴Esforzaos todos vosotros, los que esperáis en Jehová!

Salmos 34:1-8, 18, 22

¹Bendeciré a Jehová en todo tiempo;

    su alabanza estará de continuo en mi boca.

²En Jehová se gloriará mi alma;

    lo oirán los mansos y se alegrarán.

³Engrandeced a Jehová conmigo y exaltemos a una su nombre.

⁴Busqué a Jehová, y él me oyó

    y me libró de todos mis temores.

⁵Los que miraron a Jehová fueron alumbrados y sus rostros no
    fueron avergonzados.

⁶Este pobre clamó, y lo oyó Jehová

    y lo libró de todas sus angustias

⁷El ángel de Jehová acampa alrededor de los que lo temen

    y los defiende.

⁸Gustad y ved que es bueno Jehová;

    ¡Bienaventurado el hombre que confía en él!

¹⁸Cercano está Jehová a los quebrantados de corazón

    y salva a los contritos de espíritu.

²² Jehová, redime el alma de sus siervos,

    ¡No serán condenados cuantos en él confían!

Salmos 42:1-5

[1]Como el ciervo brama por las corrientes de las aguas,
  así clama por ti, Dios, el alma mía.
[2]Mi alma tiene sed de Dios, del Dios vivo.
   ¿Cuándo vendré y me presentaré delante de Dios?
[3]Fueron mis lágrimas mi pan de día y de noche, mientras me
   dicen todos los días: "¿Dónde está tu Dios?"
[4]Me acuerdo de estas cosas y derramo mi alma dentro de mí;
   de cómo yo iba con la multitud y la conducía hasta la casa
   de Dios, entre voces de alegría y de alabanza del pueblo
   en fiesta.
[5]¿Por qué te abates, alma mía, y te turbas dentro de mí?
   Espera en Dios, porque aún he de alabarlo, ¡salvación mía
   y Dios mío!

Salmos 46

[1]Dios es nuestro amparo y fortaleza,
   nuestro pronto auxilio en las tribulaciones.
[2]Por tanto, no temeremos, aunque la tierra sea removida,
   y se traspasen los montes al corazón del mar;
[3]aunque bramen y se turben sus aguas,
   y tiemblen los montes a causa de su braveza.
[4]Del río sus corrientes alegran la ciudad de Dios,
   el santuario de las moradas del Altísimo.
[5]Dios está en medio de ella; no será conmovida.
   Dios la ayudará al clarear la mañana.
[6]Bramaron las naciones, titubearon los reinos;
   dio él Jehová su voz y se derritió la tierra.
[7] Jehová de los ejércitos está con nosotros!;
   ¡Nuestro refugio es el Dios de Jacob!
[8]Venid, ved las obras de Jehová,
   que ha hecho portentos en la tierra;

⁹que hace cesar las guerras hasta los fines de la tierra,
    que quiebra el arco, corta la lanza,
    y quema los carros en el fuego.
¹⁰"Estad quietos y conoced que yo soy Dios;
    seré exaltado entre las naciones;
    enaltecido seré en la tierra."
¹¹ Jehová de los ejércitos está con nosotros;
    ¡Nuestro refugio es el Dios de Jacob!

Salmos 51:1-12

¹Ten piedad de mí, Dios, conforme a tu misericordia; conforme
    a la multitud de tus piedades borra mis rebeliones.
²¡Lávame más y más de mi maldad y límpiame de mi pecado!
³porque yo reconozco mis rebeliones,
    y mi pecado está siempre delante de mí.
⁴Contra ti, contra ti sólo he pecado
    he hecho lo malo delante de tus ojos,
    para que seas reconocido justo en tu palabra.
⁵En maldad he sido formado y en pecado me
    concibió mi madre.
⁶Tú amas la verdad en lo íntimo,
    y en lo secreto me has hecho comprender sabiduría.
⁷Purifícame con hisopo y seré limpio;
    lávame y seré más blanco que la nieve.
⁸Hazme oír gozo y alegría;
    y se recrearán los huesos que has abatido.
⁹Esconde tu rostro de mis pecados
    y borra todas mis maldades.
¹⁰¡Crea en mí, Dios, un corazón limpio,
    y renueva un espíritu recto dentro de mí!
¹¹No me eches de delante de ti y no quites de mí tu
    santo espíritu.
¹²Devuélveme el gozo de tu salvación
    y espíritu noble me sustente.

Salmos 66:1-12; 20

[1]Aclamad a Dios con alegría, toda la tierra.

[2]Cantad la gloria de su nombre; dadle la gloria con alabanza.

[3]Decid a Dios: "¡Cuán asombrosas son tus obras!

    Por la grandeza de tu poder se someterán a ti

    tus enemigos.

[4]Toda la tierra te adorará y cantará a ti; cantarán a tu nombre".

[5]¡Venid y ved las obras de Dios,

    las cosas admirables que ha hecho por los hijos de

    los hombres!

[6]Volvió el mar en tierra seca,

    por el río pasaron a pie. Allí en él nos alegramos.

[7]Él señorea con su poder para siempre; sus ojos atalayan sobre

    las naciones; los rebeldes no serán enaltecidos.

[8]¡Bendecid, pueblos, a nuestro Dios,

    y haced oír la voz de su alabanza!

[9]Él es quien preservó la vida a nuestra alma y no permitió que

    nuestros pies resbalaran.

[10]porque tú, Dios, nos probaste;

    nos purificaste como se purifica la plata.

[11]Nos metiste en la red;

    pusiste sobre nuestros lomos pesada carga.

[12]Hiciste cabalgar hombres sobre nuestra cabeza.

    ¡Pasamos por el fuego y por el agua,

    pero nos sacaste a la abundancia!

[20]¡Bendito sea Dios, que no echó de sí mi oración

    ni de mí su misericordia!

Salmos 71:1-12

¹En ti, Jehová, me he refugiado; no sea yo avergonzado jamás.

²Socórreme y líbrame en tu justicia; inclina tu oído y sálvame.

³Sé para mí una roca de refugio adonde recurra yo
   continuamente. Tú has dado mandamiento para
   salvarme, porque tú eres mi roca y mi fortaleza.

⁴Dios mío, líbrame de manos del impío,
   de manos del perverso y violento,

⁵porque tú, Señor Jehová, eres mi esperanza;
   seguridad mía desde mi juventud.

⁶En ti he sido sustentado desde el vientre. Del vientre de mi
   madre tú fuiste el que me sacó;
   para ti será siempre mi alabanza.

⁷Como prodigio he sido a muchos;
   y tú mi refugio fuerte.

⁸Sea llena mi boca de tu alabanza, de tu gloria todo el día.

⁹No me deseches en el tiempo de la vejez;
   cuando mi fuerza se acabe, no me desampares,

¹⁰porque mis enemigos hablan de mí,
   y los que acechan mi alma se consultan entre sí,

¹¹diciendo: "Dios lo ha desamparado; perseguidlo y tomadlo,
   porque no hay quien lo libre".

¹²¡No te alejes, Dios, de mí;
   Dios mío, acude pronto en mi socorro!

Salmos 88:1-13

Jehová, Dios de mi salvación,
>   día y noche clamo delante de ti.

²¡Llegue mi oración a tu presencia!
>   ¡Inclina tu oído hacia mi clamor!

³porque mi alma está hastiada de males;
>   y mi vida cercana al seol.

⁴Soy contado entre los que descienden al sepulcro;
>   soy como un hombre sin fuerza;

⁵abandonado entre los muertos, como los pasados a espada que
>   yacen en el sepulcro, de quienes no te acuerdas ya,
>   y que fueron arrebatados de tu mano.

⁶Me has puesto en el hoyo profundo,
>   en tinieblas, en lugares profundos.

⁷Sobre mí reposa tu ira,
>   y me sumerges en todas tus olas.

⁸Has alejado de mí a mis conocidos;
>   me has hecho repugnante para ellos;
>   encerrado estoy sin poder escapar.

⁹Mis ojos enfermaron a causa de mi aflicción.
>   Te he llamado;
>   Jehová, cada día;
>   he extendido a ti mis manos.

¹⁰¿Manifestarás tus maravillas a los muertos?
>   ¿Se levantarán los muertos para alabarte?

¹¹¿Será proclamada en el sepulcro tu misericordia o tu verdad
>   en el Abadón?

¹²¿Serán reconocidas en las tinieblas tus maravillas
>   y tu justicia en la tierra del olvido?

¹³Mas yo a ti he clamado Jehová
>   y de mañana mi oración se presenta delante de ti.

Salmos 91:1-7, 11-16

[1]El que habita al abrigo del Altísimo

morará bajo la sombra del Omnipotente.

[2]Diré yo a Jehová: "Esperanza mía y castillo mío,

mi Dios, en quien confiaré".

[3]Él te librará del lazo del cazador, de la peste destructora.

[4]Con sus plumas te cubrirá,

y debajo de sus alas estarás seguro;

escudo y protección es su verdad.

[5]No temerás al terror nocturno ni a la saeta que vuele de día;

[6]ni a la pestilencia que ande en la oscuridad, ni a mortandad

que en medio del día destruya.

[7]Caerán a tu lado mil

y diez mil a tu diestra; más a ti no llegarán.

[11]Pues a sus ángeles mandará acerca de ti,

que te guarden en todos tus caminos.

[12]En las manos te llevarán,

para que tu pie no tropiece en piedra.

[13]Sobre el león y la víbora pisarás;

herirás al cachorro del león y al dragón.

[14]Por cuanto en mí ha puesto su amor, yo también lo libraré;

lo pondré en alto, por cuanto ha conocido mi nombre.

[15]Me invocará y yo le responderé;

con él estaré yo en la angustia; lo libraré y lo glorificaré.

[16]Lo saciaré de larga vida y le mostraré mi salvación.

Salmos 103:1-5, 8-18

¹Bendice, alma mía, a Jehová,
    y bendiga todo mi ser su santo nombre.
²Bendice, alma mía, a Jehová,
    y no olvides ninguno de sus beneficios.
³Él es quien perdona todas tus maldades
    el que sana todas tus dolencias,
⁴el que rescata del hoyo tu vida,
    el que te corona de favores y misericordias,
⁵el que sacia de bien tu boca
    de modo que te rejuvenezcas como el águila.
⁸Misericordioso y clemente es Jehová,
    lento para la ira y grande en misericordia.
⁹No contenderá para siempre,
    ni para siempre guardará el enojo.
¹⁰No ha hecho con nosotros conforme a nuestras maldades
    ni nos ha pagado conforme a nuestros pecados.
¹¹porque, como la altura de los cielos sobre la tierra,
    engrandeció su misericordia sobre los que lo temen.
¹²Cuanto está lejos el oriente del occidente,
    hizo alejar de nosotros nuestras rebeliones.
¹³Como el padre se compadece de los hijos,
    se compadece Jehová de los que lo temen,
¹⁴porque él conoce nuestra condición;
    se acuerda de que somos polvo.
¹⁵El hombre, como la hierba son sus días;
    florece como la flor del campo;
¹⁶que pasó el viento por ella, y pereció,
    y su lugar ya no la conocerá más.
¹⁷Mas la misericordia de Jehová
    es desde la eternidad y hasta la eternidad sobre los
    que lo temen,
    y su justicia sobre los hijos de los hijos,

¹⁸sobre los que guardan su pacto
y los que se acuerdan de sus mandamientos
para ponerlos por obra.

Salmos 116:1-17

¹Amo a Jehová, pues ha oído mi voz y mis súplicas,
²porque ha inclinado a mí su oído;
por tanto, lo invocaré en todos mis días.
³Me rodearon ligaduras de muerte;
me encontraron las angustias del seol;
angustia y dolor había yo hallado.
⁴Entonces invoqué el nombre de Jehová diciendo:
"¡Jehová, libra ahora mi alma!".
⁵Clemente es Jehová, y justo; sí, misericordioso es nuestro Dios.
⁶ Jehová guarda a los sencillos;
estaba yo postrado, y me salvó.
⁷¡Vuelve, alma mía, a tu reposo,
porque Jehová te ha hecho bien!,
⁸pues tú has librado mi alma de la muerte,
mis ojos de lágrimas y mis pies de resbalar.
⁹Andaré delante de Jehová
en la tierra de los vivientes.
¹⁰Creí; por tanto, hablé, estando afligido en gran manera.
¹¹Y dije en mi apresuramiento,
"Todo hombre es mentiroso".
¹²¿Qué pagaré a Jehová
por todos sus beneficios para conmigo?
¹³Tomaré la copa de la salvación
e invocaré el nombre de Jehová:
¹⁴Ahora pagaré mis votos a Jehová
delante de todo su pueblo.
¹⁵Estimada es a los ojos de Jehová,
la muerte de sus santos.

¹⁶ Jehová, ciertamente yo soy tu siervo,

     siervo tuyo soy, hijo de tu sierva. Tú has roto mis prisiones.

¹⁷Te ofreceré sacrificio de alabanza

     e invocaré el nombre de Jehová.

Salmos 121 (Véase página 137)

Salmos 130

¹De lo profundo,

     Jehová, a ti clamo.

²Señor, oye mi voz;

     estén atentos tus oídos

     a la voz de mi súplica.

³Jah, si miras los pecados, ¿quién Señor, podrá mantenerse?

⁴Pero en ti hay perdón,

     para que seas reverenciado.

⁵Esperé yo en Jehová; esperó mi alma,

     en su palabra he esperado.

⁶Mi alma espera en Jehová

     más que los centinelas la mañana,

     más que los vigilantes la mañana.

⁷Espere Israel en Jehová,

     porque en Jehová hay misericordia;

     y abundante redención con él.

⁸Él redimirá a Israel de todos sus pecados.

Salmos 139:1-17, 23-24

¹ Jehová, tú me has examinado y conocido.

²Tú has conocido mi sentarme y mi levantarme.

     Has entendido desde lejos mis pensamientos.

³Has escudriñado mi andar y mi reposo, y todos mis caminos te

     son conocidos,

⁴pues aún no está la palabra en mi lengua

     y ya tú, Jehová, la sabes toda.

⁵Detrás y delante me rodeaste, y sobre mí pusiste tu mano.

⁶Tal conocimiento es demasiado maravilloso para mí;
    ¡alto es, no lo puedo comprender!

⁷¿A dónde me iré de tu espíritu?
    ¿Y a dónde huiré de tu presencia?

⁸Si subiera a los cielos, allí estás tú;
    y si en el seol hiciera mi estrado, allí tú estás.

⁹Si tomara las alas del alba
    y habitara en el extremo del mar,

¹⁰aun allí me guiará tu mano y me asirá tu diestra.

¹¹Si dijera: "Ciertamente las tinieblas me encubrirán",
    aún la noche resplandecerá alrededor de mí.

¹²Aun las tinieblas no encubren de ti, y la noche resplandece
    como el día; ¡lo mismo te son las tinieblas que la luz!

¹³Tú formaste mis entrañas;
    me hiciste en el vientre de mi madre.

¹⁴Te alabaré, porque formidables y maravillosas son tus obras;
    estoy maravillado y mi alma lo sabe muy bien.

¹⁵No fue encubierto de ti mi cuerpo,
    aunque en oculto fui formado
    y entretejido en lo más profundo de la tierra.

¹⁶Mi embrión vieron tus ojos, y en tu libro estaban escritas
    todas aquellas cosas;
    que fueron luego formadas, sin faltar ni una de ellas.

¹⁷¡Cuán preciosos, Dios, me son tus pensamientos!
    ¡Cuán grande es la suma de ellos!

²³Examíname, Dios, y conoce mi corazón;
    pruébame y conoce mis pensamientos.

²⁴Ve si hay en mí camino de perversidad
    y guíame en el camino eterno.

Salmos 146

[1]¡Aleluya!

¡Alaba, alma mía, a Jehová!

[2]Alabaré a Jehová en mi vida;

cantaré salmos a mi Dios mientras viva.

[3]No confiéis en los príncipes,

ni en hijo de hombre, porque no hay en él salvación,

[4]pues sale su aliento y vuelve a la tierra;

en ese mismo día perecen sus pensamientos.

[5]Bienaventurado aquel cuyo ayudador es el Dios de Jacob,

cuya esperanza está en Jehová su Señor;

[6]el cual hizo los cielos y la tierra, el mar, y todo lo que en ellos

hay; que guarda la verdad para siempre;

[7]que hace justicia a los agraviados, que da pan a los hambrientos.

Jehová liberta a los cautivos.

[8]Jehová abre los ojos a los ciegos;

Jehová levanta a los caídos; Jehová ama a los justos.

[9]Jehová guarda a los extranjeros;

al huérfano y a la viuda sostiene,

y el camino de los impíos trastorna.

[10]Reinará Jehová para siempre,

tu Dios, Sión, de generación en generación. ¡Aleluya!

Dios es mi consejero

*La paz os dejo,
mi paz os doy; yo no os la doy
como el mundo la da. No se turbe
vuestro corazón ni tenga miedo.*

—Juan 14:27

SUGERENCIAS TEMÁTICAS PARA LAS ESCRITURAS

Adicción o recuperación
Ver oraciones relacionadas en la página 116.
Salmos 40:1-3 *Pacientemente esperé a Jehová*
2 Corintios 4:6-10 *Tesoro en vasos de barro*

Ira
Ver oraciones relacionadas en la página 110.
Efesios 4:26 *No se ponga el sol sobre vuestro enojo*
Santiago 1:19-20 *Sed tardos para la ira*

Vida cristiana
Ver oraciones relacionadas en la página 118.
Mateo 6:25-27, 33-34 *No os angustiéis por vuestra vida*
Romanos 12:14-21 *Estad en paz con todos los hombres*
Gálatas 5:22-23 *Los frutos del Espíritu*
Colosenses 3:12-15 *Sobre todo, vestíos de amor*

Coraje y perseverancia
Ver oraciones relacionadas en la página 114.
Salmos 31:1-5 (ver página 194)
Juan 16:33 *Anímate*
Romanos 8:28 *Todas las cosas funcionan juntas para bien*
Corintios 10:12-13 *Dios es fiel*

Liberación
Salmos 27 (página 193); Salmos 130 (página 204)
Sofonías 3:16-19 *El Señor, tu Dios, está en medio de vosotros*
Timoteo 1:8-9, 12 *Confiar en el poder de Dios*

Desesperación
Ver oraciones relacionadas en la página 111, 112.
Salmos 88 (página 200); Salmos 130 (página 204)
Mateo 11:28-30 *Te daré descanso*
1 Pedro 5:7-10 *Descarga tus ansiedades en Dios*

Ánimo
Efesios 6:10-18 *Fortaleza en el Señor*
Hebreos 12:1-3 *Rodeados por una nube de testigos*

Vida eterna

Juan 14:1-3 *Voy a preparar lugar para vosotros*

Fe

Salmos 23 (página 193); Salmos 27 (página 193)

Marcos 9:24 *Ayuda a mi incredulidad*

Hebreos 11:1 *La certeza de lo que se espera*

Miedo y coraje

Ver oraciones relacionadas en la página 111.

Deuteronomio 31:6 *Sed fuertes*

Isaías 41:10 *¡No temáis!*

La naturaleza de Dios

Salmos 86:15 *Dios es misericordioso y clemente*

Isaías 55:8-9 *Mis pensamientos no son vuestros pensamientos*

Lamentaciones 3:22-25 *El amor constante del Señor*

Hebreos 12:28-29 *Dios es fuego consumidor.*

Guía

Ver oraciones relacionadas en la página 114.

Génesis 28:15-16 *Pues yo estoy contigo*

Isaías 30:19-21 *Éste es el camino*

Mateo 11:28-30 *Yo os haré descansar*

Confesión y perdón

Ver oraciones relacionadas en la página 114.

Salmos 51 (página 197)

Isaías 55:6-7 *Buscad al Señor*

Romanos 3:22-24 *Todos pecaron y están destituidos de la gloria de Dios*

1 Juan 1:8-9 *Si confesamos nuestros pecados, Dios es fiel y justo*

Espíritu Santo

Juan 14:16-18 *Espíritu de la verdad*

Romanos 8:26 *El Espíritu mismo intercede por nosotros*

Esperanza

Jeremías 29:11 *Yo sé los pensamientos que tengo acerca de vosotros*

Romanos 8:24-25 *En esperanza fuimos salvos*

Enfermedad

Ver oraciones relacionadas en la página 112.
Salmos 23 (página 193); Salmos 91 (página 201)
Marcos 5:24-34 *Seréis sanados*
Santiago 5:13-16 *Orad unos por otros, para que seáis sanados.*

Encarcelamiento

Salmos 146 (página 206)
Mateo 25:31-40 *Estuve en la cárcel y fuisteis a verme*
Lucas 4:16-21 *Pregona la libertad a los cautivos*
Lucas 21:12-19 *Ni un cabello de vuestra cabeza perecerá*
Hechos 12:1-10 *Pedro en la prisión*
Filipenses 1:12-20 *Pablo en prisión*
2 Timoteo 2:8-9 *La palabra de Dios no está presa*
Hebreos 11:1-3, 30-36 *La certeza de lo que se espera*
Hebreos 13:1, 3 *Acordaos de los presos*

Jesús

Ver "Orar a lo largo del día" (páginas 13-102)
Juan 1:1-5 *En el principio era el Verbo*
Juan 3:16 *De tal manera amó Dios al mundo*
Filipenses 2:5-11 *Jesús se humilló a sí mismo*

Justicia

Miqueas 6:8 *Hacer justicia, amar misericordia, y humillarte*
Lucas 18:1-8 *Dios les hará justicia*

Soledad

Ver oraciones relacionadas en la página 109.
Salmos 23 (página 193); Salmos 42 (página 196)
Isaías 49:13b-16 *Dios no los olvidará*

Amor

Juan 15:7-11 *Permaneced en mi amor*
1 Corintios 13:1-8, 13 *El mayor de ellos es el amor*
1 Juan 4:7-12 *El amor es de Dios*

Enfermedad mental

Ver oraciones relacionadas en la página 111.
Salmos 88 (página 200); Salmos 130 (página 204)
Romanos 8:18, 22-27 *La creación misma será libertada*

Paz
Números 6:24-26 *El Señor ponga en ti paz*
Juan 14:25-27 *La paz os dejo, mi paz os doy*

Alabanzas y acción de gracias
Ver oraciones relacionadas en la página 115.
Salmos 66 (página 198); Salmos 103 (página 202)
Filipenses 4:4-7 *La paz de Dios guardará vuestros corazones*

Oración
Jeremías 29:12-14 *Me buscaréis de todo vuestro corazón*
Mateo 7:7-11 *Pedid, y se os dará*
Lucas 11:1-4 *Orad el Espíritu*
Efesios 6:18-20 *Orad el Espíritu*
Filipenses 4:6-7 *Sean conocidas vuestras peticiones delante de Dios*

Separación de los seres queridos
Ver también "Orar adentro con los que están afuera" (páginas 126-130)
Génesis 31:44-46, 48-49 *El Señor vigila entre nosotros dos*
Marcos 10:13-16 *Dejad a los niños venir a mí*

Vergüenza
Ver oraciones relacionadas en la página 106.
Juan 8:3-11 *Yo no te condeno*

Sufrimiento
Romanos 5:1-5 *Justificados por la fe tenemos paz para con Dios*
Romanos 8:14-18 *Somos hijos de Dios*
1 Corintios 10:13 *Dios es fiel*

Tentación
Ver también Cuaresma 2: Guía durante el viaje (página 56)
Lucas 4:1-12 *La tentación de Jesús*

Confianza
Salmos 139 (página 204); Salmos 146:5-7 (página 206)
Deuteronomio 31:6 *El Señor tu Dios va contigo*
Habacuc 3:17-19 *Dios, el Señor, es mi fortaleza*
Juan 14:1 *No se turbe vuestro corazón*

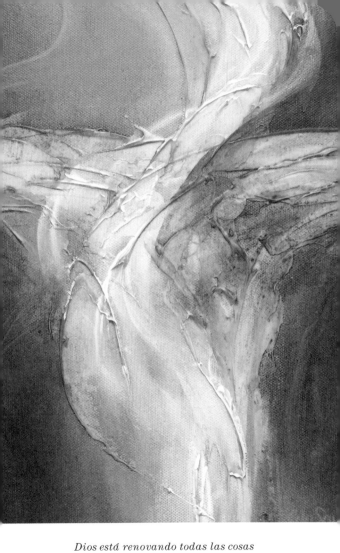

Dios está renovando todas las cosas

*No os acordéis de las cosas pasadas
ni traigáis a la memoria las
cosas antiguas. He aquí que yo
hago cosa nueva; pronto saldrá
a luz, ¿no la conoceréis?*

—Isaías 43:18-19

HIMNOS Y CÁNTICOS

1 Se oye un son en alta esfera

1 Se oye un son en alta esfera:
" ¡En los cielos gloria a Dios!
¡Al mortal paz en la tierra!,"
canta la celeste voz.
Con los cielos alabemos,
al eterno Rey cantemos,
a Jesús que es nuestro bien,
con el coro de Belén.

Estribillo
Se oye un son en alta esfera:
"¡En los cielos gloria a Dios!

2 El Señor de los señores,
el Ungido celestial,
a salvar los pecadores
vino al mundo terrenal.
Gloria al Verbo encarnado,
en humanidad velado.
Gloria al Santo de Israel
cuyo nombre es Emanuel. *Estribillo*

Charles Wesley, 1707-1788; trad. Federico Fliedner

2 Noche de paz

1 ¡Noche de paz, noche de amor!
Todo duerme en derredor.
Entre los astros que esparcen su luz,
bella anunciando al niñito Jesús
brilla la estrella de paz,
brilla la estrella de paz.

2 ¡Noche de paz, noche de amor!
Oye humilde el fiel pastor
coros celestes que anuncian salud;
gracias y glorias en gran plenitud
por nuestro buen redentor,
por nuestro buen redentor.

3 ¡Noche de paz, noche de amor!
Ved que bello resplandor
luce en el rostro del niño Jesús,
en el pesebre, del mundo la luz,
astro de eterno fulgor,
astro de eterno fulgor.

Joseph Mohr, 1792-1849; trad. John F. Young, 1820-1885

3 Venid, fieles todos

1 Venid, fieles todos, a Belén vayamos
de gozo triunfantes, henchidos de amor,
Y al rey de los cielos humildes veremos.

Estribillo
Venid, adoremos; venid, adoremos;
Venid, adoremos a Cristo el Señor.

2 En pobre pesebre yace él reclinado,
al mundo ofreciendo eternal salvación.
Al santo Mesías, el Verbo humanado. *Estribillo*

Atr. John Francis Wade, 1711-1786; trad. Juan Bautista Cabrera

4 Cabeza ensangrentada

1 Cabeza ensangrentada, cubierta de sudor,
   de espinas coronada, y llena de dolor:
   ¡Oh, celestial cabeza, tan maltratada aquí,
   Tu sin igual belleza es gloria para mí!

2 Cubrió tu noble frente la palidez mortal,
   Cual velo transparete de tu sufrir señal.
   Cerróse aquella boca, la lengua enmudeció:
   la fría muerte toca al que la vida dio.

3 Señor, lo que has llevado, yo solo merecí;
   La culpa que has pagado al juez, yo la debí.
   Más mírame; confío en tu cruz y pasión.
   Otórgame, bien mío, la gracia del perdón.

Paul Gerhardt, 1607-1676, basado en Armulf of Louvain, d. 1250; trad. compuesta

5 El Señor resucitó

1 El Señor resucitó, ¡Aleluya!
   muerte y tumba ya venció, ¡Aleluya
   con su fuerza y su virtud, ¡Aleluya!
   cautivó la esclavitud. ¡Aleluya!

2 El que al polvo se humilló, ¡Aleluya!
   con poder se levantó; ¡Aleluya!
   y a su eterna majestad, ¡Aleluya!
   cantará la cristiandad: ¡Aleluya!

3 Y el que tanto así sufrió, ¡Aleluya!
   y en desolación se vio, ¡Aleluya!
   Hoy en gloria celestial, ¡Aleluya!
   Reina vivo e inmortal, ¡Aleluya!

J. Walsh, Lyra Davidica, 1708, alt.; Himno latino, trad. Juan Bautista Cabrera

6 Ven por aquí

1 Ven por aquí, Señor, ven por aquí.
   Ven por aquí, Señor, ven por aquí.
   Ven por aquí, Señor, ven por aquí.
   Señor, ven por aquí.

2 Alguien está llorando, Señor, ven por aquí...
3 Alguien está cantando, Señor, ven por aquí...
4 Alguien está orando, Señor, ven por aquí...
5 Alguien te necesita, Señor, ven por aquí...

Tradicional

7 De rodillas partamos hoy el pan

1 De rodillas partamos hoy el pan;
   de rodillas partamos hoy el pan.

Estribillo
De rodillas estoy con el rostro al naciente sol,
¡Señor, ten piedad de mí!

2 Compartamos la copa de salud...
3 De rodillas cantemos al Señor...

Espiritual afroamericano; trad. Dimas Planas-Belfort
© 1989 Editorial Avance Luterano[78]

8 Castillo fuerte es nuestro Dios

1 Castillo fuerte es nuestro Dios,
   defensa y buen escudo.
   Con su poder nos librará
   en todo trance agudo.
   Con furia y con afán
   acósanos, Satán;
   por armas deja ver
   astucia y gran poder:
   cual él no hay en la tierra.

2 Nuestro valor es nada aquí,
   con él todo es perdido.
   Más por nosotros luchará
   de Dios el escogido.
   Es nuestro rey, Jesús,
   el que venció en la cruz,
   Señor y Salvador,
   y siendo él sólo Dios,
   él triunfa en la batalla.

Martin Luther, 1483-1546; trad. Juan Bautista Cabrera; trad. en inglés
© 1978 Lutheran Book of Worship

9 Hay anchura en su clemencia

1 Hay anchura en su clemencia,
cual la anchura de la mar;
hay bondad en su justicia;
se complace en perdonar.
Hay la redención completa
en la sangre del Señor.
Gózate, iglesia entera,
en tu tierno Dios de amor.

2 El amor de Dios es ancho,
más que humana comprensión;
admirablemente manso
es su tierno corazón.
Recibe al que se arrepiente,
y aún más gracia al justo da;
Cristo es Salvador clemente,
y su sangre sanará.

Frederick W. Faber; trad. E. L. Maxwell y Ronald F. Krisman
© 2012 GIA Publications, Inc.[79]

10 Tal como soy de pecador

1 Tal como soy de pecador,
sin otra fianza que tu amor.
A tu llamado vengo a ti:
Cordero de Dios, heme aquí.

2 Tal como soy, buscando paz,
en mi aflicción y mal tenaz,
combate rudo siento en mí:
Cordero de Dios, heme aquí.

3 Tal como soy, con mi maldad,
miseria, pena y ceguedad;
pues hay remedio pleno en ti:
Cordero de Dios, heme aquí.

4 Tal como soy me acogerás,
perdón y alivio me darás;
pues, tu promesa ya creí:
Cordero de Dios, heme aquí.

Charlotte Elliott, 1789-1871; trad. Thomas M. Westrup, alt.

11 Mi esperanza firme está

1 Mi esperanza firme está
 en la justicia de Jesús;
 y mis pecados borrará
 el sacrificio de la cruz.

 Estribillo
 Jesús será mi protección,
 la roca de mi salvación.

2 Su pacto y sus promesas
 dan sostén que nunca faltará.
 En mis tristezas y afán,
 es Cristo quien consolará. *Estribillo*

3 Cuando regrese Cristo el Rey,
 que él me encuentre siempre fiel.
 Sin culpas ante el trono iré,
 por obra de mi justo Juez. *Estribillo*

Edward Mote, 1797-1874; estrofa 1-2 y estribillo trad. por Juan N. de los Santos, 1876-1944; estrofa 3 por María Eugenia Cornou, n. 1969, y Dianne Zandstra, n. 1952 © GIA Publications, Inc.[80]

12 Señor Jesús, el día ya se fue

1 Señor Jesús, la luz de sol se fue,
   La noche cierra ya, conmigo sé;
   Sin otro amparo, Tú, por compasión,
   Al desvalido das consolación.

2 Tu gracia en todo tiempo he menester:
   ¿Quién otro al tentador podrá vencer?
   ¿Qué otro amante guía encontraré?
   En sombra o sol, Señor, conmigo sé.

3 No temo el mal si tú conmigo vas;
   al enemigo tú lo vencerás.
   En medio de miseria y de dolor,
   Señor Jesús, sé tú mi auxiliador.

4 Alza tu cruz en mi postrer visión,
   Traza la senda que me lleve a Sion;
   Tras las tinieblas surge y la luz…
   Conmigo en vida y muerte sé, Jesús.

Henry Francis Lyte, 1793-1847; trad. Tomás M. Westrup, 1837-1909

13 Nuestra esperanza y protección

1 Nuestra esperanza y protección
   y nuestro eterno hogar
   has sido, eres y serás
   tan solo tú, Señor.

2 Aún no habías la creación
   formado con bondad,
   más desde la eternidad
   tú eras solo Dios.

3 Delante de tus ojos son
   mil años al pasar,
   tan solo un día a que fugaz
   fenece con el sol.

4 El tiempo corre arrollador
   como impetuoso mar;
   y así, cual sueño ves pasar
   cada generación.

5 Nuestra esperanza y protección
   y nuestro eterno hogar,
   en la tormenta o en la paz,
   sé siempre tú, Señor.

Isaac Watts, 1674-1748, alt.; trad. por Federico J. Pagura, 1923-2016 © 1962[81]

14 En Jesucristo, puerto de paz

En Jesucristo, puerto de paz
en horas duras de tempestad,
hallan las almas dulce solaz,
grato consuelo, felicidad.

Estribillo
Gloria cantemos al Redentor
que por nosotros vino a morir;
y que la gracia del Salvador
siempre dirija nuestro vivir.

2 En nuestras luchas, en el dolor,
en tristes horas de tentación,
Cristo nos llena de su vigor,
y da aliento al corazón. *Estribillo*

3 Cuando en la lucha falta la fe
y el alma quiere desfallecer,
Cristo nos dice: "yo te daré
gracia divina, santo poder". *Estribillo*

Fanny J. Crosby, 1820-1915; trad. E. A. Monfort Díaz

15 En Babilonia hay ríos

1 En Babilonia hay ríos con sus álamos en flor.
Allí con llanto y con dolor perdimos nuestra voz.
Nos piden el cantar de Sión, mas ¿cómo dar loor?
en tierra extraña tal canción parece un gran error.

2 En Babilonia hay ríos con sus álamos en flor.
Allí con llanto y con dolor perdimos nuestra voz.
¿Olvidaremos nuestro hogar? ¿Habrá justicia al fin?
¿Habrá quien haya de pagar por tanta obra vil?

3 Que el juicio fluya sin cesar; cual río limpie todo mal.
Que rectitud, cual manantial, se lleve el llanto en su caudal.
En Babilonia hay ríos con sus álamos en flor.
Allí con llanto y con dolor perdimos nuestra voz.

Adam M.L. Tice, n. 1979; trad. María Eugenia Cornou, n. 1969, y Carlos Colón,
n. 1966. © 2019 GIA Publications, Inc.[82]

16 Soplo de Dios

1 Soplo de Dios viviente
  qe en el principio cubriste el agua,
  Soplo de Dios viviente
  que fecundaste la creación:

   Estribillo
   Ven hoy a nuestras almas,
   infúndenos tus dones;
   Soplo de Dios viviente,
   oh Santo Espíritu del Señor.

2 Soplo de Dios viviente
  Por quién el Hijo se hizo hombre,
  Soplo de Dios viviente
  Que renovaste la creación: *Estribillo*

3 Soplo de Dios viviente
  por quien nacemos en el bautismo,
  Soplo de Dios viviente
  que consagraste la creación: *Estribillo*

Osvaldo Catena, trad. Gerhard Cartford. © 1979 Editorial Bonum[83]

17 Oh, qué amigo nos es Cristo!

1 ¡Oh, qué amigo nos es Cristo!
   él llevó nuestro dolor;
   Él nos manda que llevemos
   todo a Dios en oración.
   ¿Vive el hombre desprovisto
   de paz, gozo y santo amor?
   Esto es porque no llevamos
   todo a Dios en oración.

2 ¿Andes débil y cargado
   de cuidados y temor?
   A Jesús, refugio eterno,
   dile todo en oración.
   ¿Te desprecian tus amigos?
   cuéntaselo en oración;
   En sus brazos gozo tierno,
   paz tendrá tu corazón.

3 Jesucristo es nuestro Amigo:
   de esto prueba nos mostró,
   pues a redimirnos vino;
   por nosotros se humanó.
   El castigo de su pueblo
   en su muerte él sufrió;
   Cristo es un Amigo eterno;
   sólo en él confío yo.

Joseph Scriven, 1820-1886, trad. Leandro Garza Mora, 1854-1938

18 Ayúdanos, oh Dios

Ayúdanos, oh Dios, concédenos tu paz.
Ayúdanos, oh Dios, concédenos tu paz.
Ayúdanos, oh Dios, concédenos tu paz.
Ayúdanos, oh Dios, concédenos tu paz.
Oh, help us, save us, grant us peace, O God.
Ayúdanos, help us, grant us peace, O God.
Ayúdanos, oh Dios, concédenos tu paz.

Mark A. Miller, n. 1967 © 2016, admin. Augsburg Fortress[84]

19 Sublime gracia

1 Sublime gracia del Señor,
   que a un pecador salvó;
   perdido andaba, él me halló;
   su luz me rescató.

2 Su gracia me enseñó a vencer,
   mis dudas disipó.
   ¡Qué gozo siento en mi ser!
   Mi vida él cambió.

3 Peligros, lucha y aflicción
   los he tenido aquí;
   su gracia siempre me libró,
   consuelo recibí.

4 Y cuando en Sión por siglos mil
   brillando esté cual sol,
   yo cantaré por siempre allí
   a Cristo el Salvador.

John Newton, 1725-1807; trad. Cristóbal E. Morales

20 De boca y corazón

1 De boca y corazón
load al Dios del cielo,
pues diónos bendición,
salud, paz y consuelo.
Tan sólo a su bondad
debemos nuestro ser;
su santa voluntad
nos guía por doquier.

2 Oh Padre celestial,
danos en este día
un corazón filial
y lleno de alegría.
Consérvanos los la paz;
tu brazo protector
nos lleve a ver su faz
en tu ciudad, Señor.

3 Dios Padre, Creador,
con gozo te adoramos.
Dios Hijo, Redentor,
tu salvación cantamos.
Dios Santificador,
te honramos en verdad.
Te ensalza nuestra voz,
bendita Trinidad.

Martin Rinkhart, 1586-1649; trad. Federico Fliedner

21 Cantemos a una voz

1 Cantemos a una voz, hasta que llegue a Dios,
el armonioso son de libertad.
En alta voz cantar, que el cielo va a escuchar,
va a resonar por todo el ancho mar.
La canción llena de fe que el pasado ha mostrado;
la canción de la esperanza que hoy disfrutamos.
El sol ya va a nacer de un nuevo amanecer;
marchemos, pues, hasta lograr vencer.

2 Piedras al caminar, amargo el castigar
que se sintió al ver la fe menguar.
Con ritmo y sin arnés, llegaron nuestros pies
hacia el lugar del sueño paternal.
¡Aquí al fin! por un sendero de llanto regado.
¡Aquí al fin! sobre la sangre del martirizado.
Todo ha pasado ya, logramos hoy llegar
y a ver la luz de nuestro sol brillar.

3 Dios, nuestra protección, consuelo en aflicción,
tú nos trajiste hasta aquí, Señor.
Con fuerza y con virtud nos llevaste a la luz;
mantennos en tu caminar de amor.
Nuestros pies nunca se alejen, Señor, de tu senda.
Nuestro amor nunca te olvide y nunca te ofenda.
Bajo tu sombra estar, vivir sin titubear,
fieles a ti y a la tierra natal.

James W. Johnson, 1871-1938; trad. Georgina Pando-Connolly, n. 1946

FECHAS PARA EL AÑO ECLESIÁSTICO 2023–2050

	PRIMER DOMINGO DE ADVIENTO	MIÉRCOLES DE CENIZA	VIERNES SANTO	PASCUA	PENTECOSTÉS
2023	12/3	2/22	4/7	4/9	5/28
2024	12/1	2/14	3/29	3/31	5/19
2025	11/30	3/5	4/18	4/20	6/8
2026	11/29	2/18	4/3	4/5	5/24
2027	11/28	2/10	3/26	3/28	5/16
2028	12/3	3/1	4/14	4/16	6/4
2029	12/2	2/14	3/30	4/1	5/20
2030	12/1	3/6	4/19	4/21	6/9
2031	11/30	2/26	4/11	4/13	6/1
2032	11/28	2/11	3/26	3/28	5/16
2033	11/27	3/2	4/15	4/17	6/5
2034	12/3	2/22	4/7	4/9	5/28
2035	12/2	2/7	3/23	3/25	5/13
2036	11/30	2/27	4/11	4/13	6/1
2037	11/29	2/18	4/3	4/5	5/24
2038	11/28	3/10	4/23	4/25	6/13
2039	11/27	2/23	4/8	4/10	5/29
2040	12/2	2/15	3/30	4/1	5/20
2041	12/1	3/6	4/19	4/21	6/9
2042	11/30	2/19	4/4	4/6	5/25
2043	11/29	2/11	3/27	3/29	5/17
2044	11/27	3/2	4/15	4/17	6/5
2045	12/3	2/22	4/7	4/9	5/28
2046	12/2	2/7	3/23	3/25	5/13
2047	12/1	2/27	4/12	4/14	5/2
2048	11/29	2/19	4/3	4/5	5/24
2049	11/28	3/3	4/16	4/18	6/6
2050	11/27	2/23	4/8	4/10	5/29

RECONOCIMIENTOS

Equipo editorial
Mitzi J. Budde y Jennifer Baker-Trinity, editores;
Kevin L. Strickland, Martin A. Seltz

Colaboradores
Beth Bingham, Mitzi J. Budde, Bruce Burnside, Lenny Duncan,
Linda Manson, Paul Palumbo, Gail Ramshaw, Peter Carlson
Schattauer, Amanda Weber

Consulta y revisión
Larry Evans, Julian Gordy, Josh Gribbon, Deb Haynes,
Heidi Kugler, Luis Menéndez-Antuña, Mary Mortenson,
Fred Nelson, Eric Wester

Diseño y producción
Robyn Sand Anderson, arte visual;
Tory Herman, Laurie Ingram, diseño

Traducción al español
Dora O'Malley y Haydée Incicco, Eurus Inc.

Iglesia Evangélica Luterana en América, *La Iglesia
y la justicia penal: Escuchemos los lamentos—Un
Pronunciamiento Social sobre la Justicia Penal.* Las
resoluciones de implementación de este pronunciamiento
social requerían la elaboración de este libro de oraciones. Se
pueden descargar este pronunciamiento y otros materiales
suplementarios de elca.org/socialstatements.

FUENTES Y NOTAS

Las citas de las Escrituras son de *La Santa Biblia*, Reina-Valera Revisión 1995 © 1995 Sociedas Bíblicas Unidas. Uso autorizado.

Este recurso incorpora materiales de diversos recursos de Evangelical Lutheran Worship (Adoración Evangélica Luterana) y Libro de Liturgia y Cántico, abreviados en esta sección como se indica. Se pueden encontrar notas adicionales sobre estos materiales en estos volúmenes.

Evangelical Lutheran Worship (Adoración Evangélica Luterana), Augsburg Fortress, 2006 (ELW)

Evangelical Lutheran Worship Pastoral Care (Cuidado Pastoral de la Adoración Evangélica Luterana), Augsburg Fortress, 2009 (ELW-PC)

Evangelical Lutheran Worship Pastoral Care (Cuidado Pastoral de la Adoración Evangélica Luterana), Augsburg Fortress, 2010 (ELW-PC)

Evangelical Lutheran Worship Prayer Book for the Armed Services (Adoración Evangélica Luterana, Libro de Oración para la Fuerzas Armadas), Augsburg Fortress, 2013 (ELW-PBAS)

Libro de Liturgia y Cántico. Augsburg Fortress, 1998 (LLC)

[1] Thomas Merton, *Contemplative Prayer* (Nueva York: Image, 1971), 37.

[2] Pierre Teilhard de Chardin, *The Making of a Mind: Letters from a Soldier-Priest 1914-1919* (Nueva York: Harper & Row, 1961), 57.

[3] Jaci Maraschin, trad. Jorge Rodríguez, "Tú, Jesús, nuestra esperanza" en *All Creation Sings*, Nro. 904. © 1989 World Council of Churches. Uso autorizado.

[4] Vincent van Gogh, Carta Nro. 638: "A Theo van Gogh. Arles, lunes 9 o martes 10 de julio de 1888," en *Vincent van Gogh: The Letters*: www.vangoghletters.org/vg/letters/let638/letter.html#translation.

[5] Juan A. Espinosa, "Un pueblo que camina," en *Libro de Liturgia y Cántico*, Nro. 520. © 1972 Juan A. Espinosa, admin. OCP Publications. Uso autorizado.

[6] Denise Levertov, "Annunciation," en *The Collected Poems of Denise Levertov* (Nueva York: New Directions, 2013), 836.

[7] Dietrich Bonhoeffer, *Letters and Papers from Prison*, edición expandida. (Nueva York: Macmillan, 1972), 416.

[8] Johannes Olearius, trad. Dimas Planas-Belfort, "Consolad al pueblo mío" en *El Pueblo de Dios Canta*, Nro. 9. © 1989 Editorial Avance Luterano. Uso autorizado.

[9] Eberhard Arnold, "When the Time Was Fulfilled," en *Watch for the Light: Readings for Advent and Christmas* (Maryknoll, NY: Plough Publishing House, 2001), 28.

[10] Frederick Buechner, *Secrets in the Dark: A Life in Sermons* (Nueva York: Harper Collins Publishers, 2007), 24.

[11] Nadia Bolz-Weber, *Pastrix: The Cranky, Beautiful Faith of a Sinner & Saint* (Nueva York: Jericho Books, 2013), 49.

12 Marianne Williamson, *A Return to Love: Reflections on the Principles of "A Course in Miracles"* (Nueva York: HarperCollins, 1993), 191.

13 Harry Dixo Leos, trad. Raquel Mora Martínez, "Mi pequeñita luz," en *Santo, Santo, Santo*, Nro. 257. © 2010 GIA Publications, Inc. Uso autorizado.

14 Nelson Mandela, *Long Walk to Freedom (El Largo Camino Hacia La Libertad)* (Boston: Little, Brown, 1994), 544.

15 Espíritu afroamericano, trad. María Eugenia Cornou, "Guía mis pies" en *Santo, Santo, Santo*, Nro. 54. © 2019 GIA Publications, Inc. Uso autorizado.

16 Desmond Tutu, *God Has a Dream: A Vision of Hope for Our Time (Dios tiene un sueño: Una visión de esperanza para nuestro tiempo)* (Nueva York: Doubleday, 2004), vii-viii.

17 De una canción favorita del coro de las Voces de la Esperanza, con permiso del autor. Trad. Natalia Romero Arbeláez y María Teresa Arbeláez.

18 Jan Richardson, "Rend Your Heart," fragmento de *Circle of Grace: A Book of Blessings for the Seasons* (Orlando: Wanton Gospeller Press, 2015), 94. © Jan Richardson, janrichardson.com. Uso autorizado.

19 Espíritu afroamericano, trad. Oscar L. Rodríguez, "Conmigo vaya mi buen Jesús," en *Santo, Santo, Santo*, Nro. 135. © Oscar L. Rodríguez. Permiso solicitado.

20 Fred Rogers, *Life's Journeys according to Mister Rogers: Things to Remember along the Way* (Nueva York: Hachette, 2014), 98.

21 Espíritu afroamericano, trad. María Eugenia Cornou, "Dame a Cristo," en *Santo, Santo, Santo*, Nro. 306. © 2019 GIA Publications, Inc. Uso autorizado.

22 Bryan Stevenson, *Just Mercy* (Nueva York: Speigel and Grau, 2014), 290.

23 Fred Rogers, *Life's Journeys*, 36.

24 Jan Richardson, "Palm Sunday: Blessing of Palms," en The Painted Prayerbook: paintedprayerbook.com/2017/04/05/palm-sunday-blessing-of-palms/.

25 Federico J. Pagura, "Bendito el Rey que viene," en *Libro de Liturgia y Cántico*, Nro. 334. © 1962. Uso autorizado.

26 Jonathan Swift, "Thoughts on Various Subjects," en *The Prose Works of Jonathan Swift, D.D.* (London: George Bell and Sons, 1907), v. 1, 272.

27 Tom Colvin, trad. Felicia Fina, "Jesús, Jesús, enséñanos tú a amar," en *Santo, Santo, Santo*, Nro. 155. © 1969, 1982 Hope Publishing Company. Uso autorizado.

28 William Sloane Coffin, *The Collected Sermons of William Sloane Coffin: The Riverside Years*, v. 2 (Louisville: Westminster John Knox, 2008), 4-5.

29 Espíritu afroamericano, trad. Federico J. Pagura, "¿Presenciaste la muerte del Señor?," en *Libro de Liturgia y Cántico*, Nro. 344. © Uso autorizado.

30 Taizé Community, "Stay with Me/Velaré contigo," en *Santo, Santo, Santo*, Nro. 157. © 1984 Les Presses de Taizé, admin. GIA Publications, Inc. Uso autorizado.

31 Rowan Williams, *Tokens of Trust: An Introduction to Christian Belief.* (Louisville: Westminster John Knox, 2007), 91.

32 Nicolás Martínez, "Cristo vive" en *All Creation Sings*, Nro. 934. © 1962, admin. Augsburg Fortress.

33 Carrie Newcomer and Michael Maines, "Leaves Don't Drop," *Geography of Light* (Album), Febrero 12, 2008. Uso autorizado.

34 Clarence Jordan, *Clarence Jordan Essential Writings* (Maryknoll: Orbis Books, 2003), 139–140.

35 Alice Walker, *The Way Forward Is with a Broken Heart* (Nueva York: Ballantine Books, 2000), 200.

36 Shauna Niequist, *Savor: Living Abundantly Where You Are, As You Are* (Grand Rapids, MI: Zondervan, 2015), 8.

37 James E. Moore (hijo), trad. Ronald F. Krisman, "Taste and See," en *Santo, Santo, Santo*, Nro. 691. © 1983, 2005 GIA Publications, Inc. Uso autorizado.

38 Martin Luther King Jr., "Letter from Birmingham City Jail" (Carta desde la cárcel de Birmingham) en *A Testament of Hope (Testamento de esperanza): The Essential Writings of Martin Luther King Jr.*, ed. James Melvin Washington (San Francisco: Harper & Row, 1986), 300.

39 Osvaldo Catena, "Soplo de Dios" en *Libro de Liturgia y Cántico*, Nro. 368. © 1979 Editorial Bonum. Uso autorizado.

40 Michael Curry, "Sermon from the Royal Wedding," New York Times (May 19, 2018).

41 C. S. Lewis, *The Weight of Glory and Other Addresses* (Nueva York: Simon and Schuster, 1996), 135.

42 Frederick Douglass, "The Life and Times of Frederick Douglass," en *Autobiographies* (Nueva York: The Library of America, 1994), 540.

43 Mark A. Miller, "Ayúdanos, oh Dios" en *All Creation Sings*, Nro. 1055. © 2016, admin. Augsburg Fortress.

44 Nelson Mandela, *Long Walk to Freedom (Largo Camino Hacia La Libertad)*, 341–42.

45 ELW-PBAS, 45.

46 Ibid.

47 ELW-PBAS, 46.

48 ELW, 304, adapt.

49 ELW-PBAS, 73.

50 ELW, 87.

51 Ibid.

52 ELW-OS, 398.

53 George Appleton, ed., *The Oxford Book of Prayer* (Oxford: Oxford University Press, 1985), 112.

54 ELW-OS, 399.

55 ELW, 305, alt.

56 ELW, 317.

57 ELW, 318, alt.

58 ELW, 326.

59 ELW, 326, alt.

60 *A New Zealand Prayer Book/He Karakia Mihinare o Aotearoa* (Auckland: William Collins, 1989), 184.

[61] Anne Lamott, *Help, Thanks, Wow: The Three Essential Prayers* (New York: Riverhead, 2012).

[62] Brother Lawrence of the Resurrection, *Writings and Conversations on the Practice of the Presence of God*, edición crítica de Conrad De Meester, OCD (Washington, DC: ICS Publications, 1994), 63.

[63] Thomas Kelly, *A Testament of Devotion* (Nueva York: Harper & Brothers, 1941), 39.

[64] La Iglesia Episcopal, *El Libro de Oración Común* (Nueva York: Church Publishing., 1989), 383.

[65] Frederick W. Faber, trad. E.L. Maxwell y Ronald F. Krisman, "Hay anchura en su clemencia" en *Santo, Santo, Santo*, Nro. 526. © 2012 GIA Publications, Inc. Uso autorizado.

[66] Inspirada por "Litany of Remembrance and Lament, Healing and Hope" en The Episcopal Church, *Enriching Our Worship 5: Liturgies and Prayers Related to Childbearing, Childbirth, and Loss* (Nueva York: Church Publishing, 2009), 42-47.

[67] Frederick W. Faber, trad. E.L. Maxwell y Ronald F. Krisman, "Hay anchura en su clemencia" en Santo, Santo, Santo, Nro. 526. © 2012 GIA Publications, Inc. Uso autorizado.

[68] Influenciado por Yolanda Pierce, *A Litany for Those Who Aren't Ready for Healing*. www.yolandapierce.blogspot.com/2014/11/a-litany-for-those-whoarent-ready-for.html y con el uso del lenguaje sugerido en Iglesia Evangélica Luterana en América, "Pronunciamiento Social sobre: La Iglesia y la justicia penal: escuchemos los lamentos" (2013).

[69] ELW-PBAS, 144-150, adapt.

[70] Martin Luther, "Prefaces to the Old Testament," en *Luther's Works*, vol. 35 (Philadelphia: Muhlenberg, 1960), 236.

[71] Order of Carmelites, "What Is Lectio Divina?" www.ocarm.org/en/carmelites/what-lectio-divina.

[72] Adaptado de La Santa Biblia, Reina-Valera Versión 1995.

[73] George H. Tavard, *The Spiritual Way of St. Jeanne d'Arc* (Collegeville, MN: Liturgical Press, 1998), 90.

[74] Citado en David Daniell, *William Tyndale: A Biography* (New Haven: Yale University Press, 1994), 379.

[75] Thomas Hutchinson, *The History of Massachusetts: From the First Settlement thereof in 1628, until the year 1750*, Tercera edición, v. 2, (Boston: Thomas and Andrews, 1795), 439-440.

[76] Dietrich Bonhoeffer, *Discipleship*. Dietrich Bonhoeffer Works, v. 4 (Minneapolis: Fortress, 2003), 87, 88.

[77] Martin Luther King Jr., *Strength to Love (La Fuerza de Amar)* (Nueva York: Harper & Row, 1963), 64.

[78] Espiritu afroamericano, trad. Dimas Planas-Belfort, "De rodillas partamos hoy el pan" en *El Pueblo de Dios Canta*, Nro. 91. © 1989 Editorial Avance Luterano. Uso autorizado.

[79] Frederick W. Faber, trad. E.L. Maxwell y Ronald F. Krisman, "Hay anchura en su clemencia" en *Santo, Santo, Santo*, Nro. 526. © 2012 GIA Publications, Inc. Uso autorizado.

[80] Edward More, trad. Juan N. de los Santos (Estrofas 1-3 and estribillo); trad. María Eugenia Cornou and Dianne Zandstra (estrofa 4), "Mi esperanza firme está" en *Santo, Santo, Santo*, Nro. 324. © 2019 GIA Publications, Inc. Uso autorizado.

[81] Isaac Watts, trad. Federico J. Pagura, "Nuestra esperanza y protección" en *Santo, Santo, Santo*, Nro. 41. © 1962. Uso autorizado.

[82] Adam M. L. Tice., trad. María Eugenia Cornou y Carlos Colon, "En Babilonia hay ríos" en *All Creation Sings*, Nro. 1053. © 2019 GIA Publications, Inc. Uso autorizado.

[83] Osvaldo Catena, "Soplo de Dios" en *Libro de Liturgia y Cántico*, Nro. 368. © 1979 Editorial Bonum. Uso autorizado.

[84] Mark A. Miller, "Ayúdanos, oh Dios" en *All Creation Sings*, Nro. 1055. © 2016, admin. Augsburg Fortress.

[85] James Johnson, trad. Georgina Pando-Connolly, "Cantemos a una voz" en *Santo, Santo, Santo*, Nro. 36. © 2019 GIA Publications, Inc. Uso autorizado.

MIS NOTAS

PADRE NUESTRO

Padre Nuestro que estás en
los cielos, santificado sea
tu nombre;
venga a nos tu reino;
hágase tu voluntad,
así en la tierra como en
el cielo;
El pan nuestro pan de
cada día; dánoslo hoy; y
perdónanos nuestras dudas
Así como nosotros
perdonamos a
nuestros deudores;
Y no nos dejes caer en
la tentación; más
líbranos del mal.
Porque tuyo es el reino, el
poder y la gloria, por los
siglos de los siglos. Amén.

o bien:

Padre Nuestro que estás en
el cielo, santificado sea
tu nombre,
venga tu reino,
hágase tu voluntad
en la tierra como en el cielo.
Danos hoy nuestro pan
de cada día; y perdona
nuestras ofensas
perdonamos a los que
nos ofenden.
No nos dejes caer en
tentación
y líbranos del mal.
Porque tuyo es el reino,
tuyo es el poder y tuya
es la gloria, ahora y
siempre. Amén.